逻辑说服力

说重点拿结果的5P法则

张家瑞 赵旋 赵家旭 著

机械工业出版社
CHINA MACHINE PRESS

本书从构建逻辑说服力的认知入手,通过逻辑说服力的"5P法则"(即问题、目标、观点、论据、呈现五方面),详细解读了如何有效说服他人,将我们的想法转变为他人的行动。

内容适合求职面试、产品介绍、工作汇报、项目推进、任务指派、会议发言、项目路演等各类场景。本书可以增强你的逻辑说服力,让你的表达拥有影响他人的力量。

图书在版编目(CIP)数据

逻辑说服力:说重点拿结果的5P法则 / 张家瑞,赵旋,赵家旭著. —北京:机械工业出版社,2021.10(2024.10重印)
ISBN 978-7-111-69074-0

Ⅰ. ①逻… Ⅱ. ①张…②赵…③赵… Ⅲ. ①说服 – 语言艺术 – 通俗读物 Ⅳ. ①H019-49

中国版本图书馆CIP数据核字(2021)第179434号

机械工业出版社(北京市百万庄大街22号　邮政编码100037)
策划编辑:梁一鹏　责任编辑:梁一鹏
责任校对:张　力　责任印制:李　昂
北京捷迅佳彩印刷有限公司印刷
2024年10月第1版第2次印刷
145mm×210mm·5印张·90千字
标准书号:ISBN 978-7-111-69074-0
定价:68.00元

电话服务　　　　　　　网络服务
客服电话:010-88361066　机　工　官　网:www.cmpbook.com
　　　　　010-88379833　机　工　官　博:weibo.com/cmp1952
　　　　　010-68326294　金　书　网:www.golden-book.com
封底无防伪标均为盗版　机工教育服务网:www.cmpedu.com

序一

家瑞是我的弟子，准确地说，是我的得意弟子，他这几年成长飞速，这一方面有我的指导，更重要的是得益于家瑞对培训的热爱和对课程的钻研。最近几年，他一直聚焦在讲师培养和商务演讲这个赛道，取得了不错的成绩。

这本书就是他在线下讲了 3 年的课程的精华。我们在沟通时常常缺乏逻辑，表达观点时，相对凌乱，东一耙子西一扫帚。可是一旦你能构建相对清晰的逻辑，就更容易说服他人。

这本书整体的内容风格保持了瑞言课程一贯的特色：落地化、系统化和模型化。

落地化主要体现在书中的每一个方法和案例都是几位作者在多年的实战教学中得来的，而不是道听途说的，这样的方法可以让读者很容易关联到自己的工作，并且读了就想应用，读了就能应用。

系统化主要体现在关于逻辑说服这件事，书中不是零散罗列说服他人的方法和技巧（如果只是要点的罗列，读者阅读的时候会觉得都对，但是还是不知道怎么用），而是从说服的底层逻辑系统地分析和解构说服他人的方法和技巧，相信读者系统学习一次可以受用一生。

模型化是在系统化的基础上再进行高度概括和提炼。市面上课程很多，有独创模型的课程并不多，而能够提炼出好用好记的模型的，更是凤毛麟角。一旦课程有了模型，学员学习就会更加清晰明了，好记好用。

现在，家瑞把他多年的演讲理论研究和实战经验，融合沉淀为这本《逻辑说服力：说重点拿结果的 5P 法则》。

我强烈推荐您阅读，并在工作和生活中应用。

这个世界，终将属于擅长逻辑表达的人。

——王鹏程　著名培训师　畅销书作家

序二

承蒙家瑞老师和他的团队看重,送我即将出版的新书,名义请我指导斧正,实则为我增添彩蛋。果然,开卷有益,一气读完,感想颇多,收获满满。是为序。

首先,内容源于实践。

身处信息时代,各种载体,包括图书内容的产生已经从少数专家学者的权利转变为人人可为的机会,于是信息爆炸带来的内容泛滥成为时代不可承受之重。此书所有内容来源于实践,直面当今社会的碎片化表达之中无法避免的语句短缺、意思破碎、逻辑混乱等问题,通过一系列的方法进行有效解决。

逻辑问题之所以重要,正如恩格斯在《路德维希·费尔巴哈和德国古典哲学的终结》中所讲,现在无论哪一个领域，都不再是从头脑中想出联系，而是从事实中发现联系了。对于哲学，要是还留下什么，那就是只留下一个纯粹思想的领域：关于思维过程本身的规律的学说，即逻辑和辩证法。

可见，逻辑问题已经成为思维和表达的底层知识。更为难得的是，这本书的所有内容都经过培训班的相关课程的反复打磨，每个环节都经过了长年的测试，不仅得到了最好的检验，而且确保了不断的升级，直到成体系，可操作，见结果。

其次，问题经过研究。

年轻人精力充沛，见识广博，反应快速，对于发现问题、解决问题充满热情，但往往渴望在短时间内见利见效，缺少久久为功的积累和扎实著书的作风。此书显然不是材料的简单剪贴和内容的随便拼凑，而是经过深入的研究和认真的撰写。

第三，结果需要践行。

本人对于成年人读书的见解是"读以致用，知行合一"。读书学到知识必须要解决当前的问题，实现自我的发展，达到精神的自由。

如果成年人读书不能够体现在解决问题的能力越来越

强,不能体现在为家人和组织做出的贡献越来越大,那么读书将失去方向。日本学者屿田毅所著《逻辑思维》中提出逻辑表达可以借助"矩阵图""流程图"和"关系图"等有效工具增强效果,而家瑞老师的新书不仅包括上述工具,更提出"模型化"表达,使说服力更加简明清晰,学习高效。

鉴于此,这本书应该成为读者乐于学习、勇于践行的载体和桥梁,能够解决生活中的困难,工作中的障碍。

虽然读书不易,应用困难,但知行合一并非遥不可及。希望"内容源于实践""问题经过研究""结果需要践行"的《逻辑说服力:说重点拿结果的5P法则》能够帮助我们找到一条捷径。

最后,以朱光潜先生在《谈读书》中提到的名言与大家共勉:生活重要,学问为生活,两者本是天经地义。一个人在学问上如果有浓厚的兴趣、精深的造诣,他会发现万事万物各有一个妙理在内,他会发现自己的心蕴含万象,澄明通达,时时有寄托,时时在生展,这种的生活决不会干枯。

——德仁微课研究院院长,
华图山鼎监事会主席　于洪泽

序三

在广州的一次聊天之后,家瑞说让我为他的新书写一个推荐序。关于说服,我不是专家,演讲更是弱项,而家瑞在这两方面都很优秀。我看完初稿,感觉这还是很有意义的一个话题,人人都需要营销,营销的过程就是一个说服的过程,特别是自媒体火爆的今天,"逻辑+说服"的能力成为必修课,并且是必须修好的一门课。

书中提到有效说服的五要素——问题、目标、观点、证据和呈现,就是逻辑说服的5P模型,这个模型很简单,也很实用。如何理解这个模型,我想到的是"三心二意"这5个方面。

一是对呈现要有自信心。说服的重点在于呈现,基础在于逻辑。要有好的呈现,自信心是关键,很多人呈现不佳,更多是不敢讲。家瑞曾获多个演讲和培训比赛的大奖,书中也给出了很多技巧和工具。其实呈现能力不在于知,更在于行,刻意练习是王道,曾获第83届奥斯卡奖的《国王的演讲》就是这样一个精彩的故事,家瑞现在所做的6个月的训练营可以帮助很多人走好第一步。

二是对问题要有好奇心。要能打破砂锅问到底,看到问题背后的问题,这就需要有很强的好奇心。人生最难是保持一颗童心,喜欢十万个为什么,很多时候我们都是浅尝辄止,失去了很多学习机会。学习是从问题入手,逻辑说服也是从为什么开始。

三是对论据要有同理心。论据一定是事实和数据吗?其实仅仅靠数据很难说服人,因为很难在情感上引起共鸣。我们在说服中常犯的错误是过于正式和科学化了,忽略了人。我们准备一系列有冲击力的文字、图表、表格和PPT,却没有讲故事。说服要有同理心,相信故事的力量。如果你在说服的过程中加入一些具有同理心的故事,你就发现结果会变得不一样。

四是对目标要有意义感。说服很难,也不难,关键是能求同存异,寻找最大公约数,意义感是演讲的基石。演讲和培训都是教育的一部分,教育的目的是活出生命的意义,知道自己想要什么,使命是什么,想成为什么样的人,再去实现它的过程就会有意义感。

五是观点一定要有意思。在演讲和培训中,不仅仅是说服,还要让人记忆深刻,你所提出的观点一定要从意想不到的角度入手,这就需要设计感。有意思的观点不仅让你的演讲更轻松,还能让听众记住和传播,这就取得了成功。

"三心二意"与5P的内在逻辑是一致的，其实要想做好说服，还得有更广泛的知识。不仅仅读万卷书，还要行万里路，更重要的是找到明师和教练。现在是终身学习的时代，要加入一个学习型的团队，通过社群学习和行动学习的模式不断提升自己，这是知识经济的学习模式。我也希望通过这本书，家瑞能找到更多志同道合者，形成"逻辑+说服"终身学习社群，帮助更多人的获得事业和生活的成功，一起实现成长的梦想。

——中国成人教育协会企业教育委员会

副理事长　张善勇

前言

有效说服，就是让对方清晰理解你的表达重点，使你拿到想要的结果。

一个小小的测试

首先，我们先来做个简单的小测试。

是否有人认为你"不善表达"？

是否有人对你说过"我不知道你到底想说什么"？

是否有人问你"为什么"，而你不知道该如何回答？

是否有过讲着讲着就到另一件事情，但你已不记得一开始讲的是什么了？

是否有过想讲的很多，但不知从何说起的情况？

如果你存在以上现象，那么这本书就是为你准备的。如果以上问题你回答的都是否定的，那么有可能是你的逻辑表达能力很强。但也有另外一种可能,就是你还没有觉察到这些问题。

讲话没重点让她失去阿里巴巴的机会

一个晴朗的午后,微信弹出一条消息,来自阿里巴巴的一位高管朋友,她曾经学习过我们的逻辑说服力课程。点开消息,就看到她说:"我觉得你们的逻辑说服力课程啊,真的应该好好去普及一下,现在碰到太多没有逻辑的人,有时真让人闹心。"

我们感到有些好奇,就问是什么情况。

接着,她告诉我们她那天面试别人的经历:"今天下午我面试了一个女孩子,名牌大学毕业,工作背景也还不错,我本来是很感兴趣的。可是聊了半个小时下来,我完全不知道她要表达什么,整个谈话完全没有重点。我很想挖出一些她的成就和亮点,所以一直都在引导她,但她的回答还是一点章法都没有,后来我真是一点办法也没有了。她面试的岗位需要经常跨部门的沟通和协调,这样的表达逻辑会带来极高的沟通成本,所以我就放弃了。"

"你最后没有录用她,你会跟她反馈你发现她讲话没重点、思路不清晰的问题吗?"

她的回答倒也意料之内:"我才不会说呢,为什么做这种得罪人的事情呢。我跟她说,我想了解的情况都已经了解了,请你后续等通知吧。"

至此，我们也得出了结论：有的人讲话缺乏逻辑而不自知的原因，不仅自己意识不到，身边意识到的人大多也不会告诉他们。

你看，这就是我们大多数人面临的情况。当你讲话缺乏逻辑时，听的人往往能很容易发现；别人说话我们也能感受到逻辑是否清晰、重点是否突出。但我们很难发现自己讲话的逻辑问题，再加上缺乏别人的提醒和反馈，因此错失提升逻辑表达能力的机会。

不是所有的演讲课都能解决逻辑的问题

李总工作十几年了，之前从事技术工作，现在他负责所在企业的华南区客户拓展工作。任何人第一次见他，都能发现他迸发着无法隐藏的活力。你一眼看过去，很难把他和"不善言辞""讲话怯场"这些词联系在一起。但这不禁也加深了人们的好奇，他为什么来参加逻辑说服力的演讲课程呢？

听到这个问题，他挠挠头，沉默了一小会儿，小声地说道："我经常要向客户介绍我们的产品，为了提升自己的公众表达能力，我报名学习了一些演讲课，想提升下表达的效果。"李总的表达很流畅，一看就知道的确有过这方面的练习。"可是我学到了不少肢体语言和语音语调的表达方法，这些我也用在了我的介绍中。但是……但是客户觉得我在表演，认为我不够真诚，效果反而不太好。而且我觉得自己的表达还是缺乏重点,外在技巧的提升似乎没有解决我最底层的表达逻辑问题。"

或许你也曾遇到过这样的困惑:看过不少关于演讲和表达的书,也买过一些线上课程,甚至还参加过线下课的学习,可却发现我们学习的技巧,似乎除了用在一些特定的场合,在日常的工作中很难派上用场。在工作中,我们依然无法有效地说服我们的客户、领导、同事……我们都很想知道:为什么会这样?究竟哪里出了问题?

在中文的语境中,"演讲""表达"都是相对宽泛的概念,可以适用于很多不同的场景,通常很少有人会进行严格分类。没有分类就没有聚焦,不能针对特定的场景进行针对性学习与实践,就无法快速地掌握。甚至更糟糕的是,我们把错误的方法当成了正确的方法在使用。《升级定位》中就曾提出:**学习的最大成本不是金钱,也不是时间,而是学了错误的知识,还付诸实践。**

所以,我们有必要知道此"演讲"非彼"演讲"。为了便于理解,我仅把人们最常混淆的两种演讲做一下区分。我们大多数人接触到的演讲,大体上分为两类,分别是大型演讲(Speech)和商务演讲(Presentation)。尽管这两个词在内涵上有很大不同,但在中文中却都对应了"演讲"一词(见表 0-1)。

很多书籍或课程,都是在训练大型演讲(Speech)能力,聚焦于提升呈现能力,比如声音、动作等。但对大多数人来说,大型演讲的使用场景并不多见。对绝大部分职场或商务人士来说，每天都在使用的是聚焦于"说服听众"的商务演讲（Presentation），这才是我们更应该学习的技能。**商务演讲能力，就是说服别人改变想法、产生行动的能力。**

表 0-1　商务演讲（Presentation）和大型演讲（Speech）的主要异同点

异同点		商务演讲 Presentation	大型演讲 Speech
不同点	使用场合	日常、商务	正式
	受众数量	可多可少	通常较多
	演讲者特点	管理者、商务人士、技术专家	CEO、思想领袖
	演讲目的	说服听众	传递理念、激励人心
相同点		一对多的公众表达	

这些概念上的混淆，至少引起了两个不良的影响。首先，很多人因为自己不是明星或者思想领袖，就误认为自己根本不需要这些能力，进而失去了提升的机会。事实上所有职场人都需要说服力。其次，也有很多人因为概念不清，本来想提升的是在工作中的说服力，却阴差阳错地花了大量时间和精力在"大型演讲"上。结果发现自己在工作中很难使用这些技能，而原本想解决的问题也没有解决。

在工作中，我们面对的通常是领导、同事或客户，有时是一对多，有时是一对一。这些场景本就不需要我们夸夸其谈，运用大段的排比句去增强气势；也不需要我们运用太多舞台技巧，或者专门去练习普通话和发声方式。在这些表达的场景中，一切都将围绕着如何有效说服听众展开。

市面上已经有很多关于演讲和表达的书了。但当你读几本后就会发现,绝大部分书籍都会侧重在重要性和技巧上面。强调重要性的书籍,会反复申明演讲很重要,会告诉你"一开口就赢了""口才就是生产力"等,因此会给大家一种好口才就是滔滔不绝、说个不停的错误认识。强调技巧的书籍,会大力渲染呈现技巧的重要性。他们用梅拉宾的"55387 法则",来论证肢体语言和语音语调远比演讲内容重要。但实际上这是对于梅拉宾的研究结果的误读,连他本人也在自己的网站上驳斥了这种说法。

说服力强绝不代表口若悬河、说个不停,而是言简意赅就能说到重点,让人信服,并拿到你想要的结果。说服力强也不完全在于肢体和发声,而主要在于是否清晰地传达了你的观点和信息,并且让对方接受你的建议,产生行动的改变。

因此,这本书并不是训练你形成滔滔不绝的口才,也不要求你把自己的个性从内向变成外向,更不会让你把普通话练得多么字正腔圆,把声音练得多么好听,只要你具备必要的工作能力和正常的表达能力,你都能运用书中的方法提升你的说服力,进而解决你工作沟通中的实际问题。在大多数情况下中,跟舞台演绎技巧相比,**你更需要的是思考和解决问题的能力,以及逻辑清晰地表达观点的能力。**

因此,逻辑说服力是每个商务人士都应具备的能力,而且是完全可以通过学习和实践掌握的技能。

逻辑说服力不难，人人都能学会

很多人在听到"逻辑"或者"说服"的时候，都会下意识地觉得很复杂、很难学。我们曾有学员说过这样的话："我这个人天生脑子不好，可能学不会你们的课程。"

我们曾经帮助过很多学员，他们中很多人在刚来的时候，甚至解释不清楚自己是做什么工作的。他们之中有职场人有时被上级批评"说不到点上"，被同事评价为"啰唆没重点"；他们之中也有创业者，难以向客户说明自己产品的特色和优势；他们之中还有讲师，他们发现以往大而全的课程，反而不如小而美、重点又突出的课程更有效果。经过学习与训练之后，他们都显著地提升了逻辑说服力，能够在工作中说重点、拿成果。

所以逻辑说服力的提升并不困难，只要按照正确的方法，配合练习，你也能掌握这项技能！如果身边有这方面擅长的朋友，让他们给你一些反馈和建议，更能加速这个过程。我们经过长期的实践和总结，将提升逻辑说服力的方法提炼成了"逻辑说服的 5P 法则"，如图 0-1 所示。

P1：Problem（问题）。问题就是你的现状中还没有满足的地方。说服客户认可并购买你的产品，是因为客户目前还没有购买；说服领导同意方案并给予资源的支持，是因为领导目前还未同意。只有先清楚需要解决的问题是什么，才能够有针对性地实施逻辑说服。

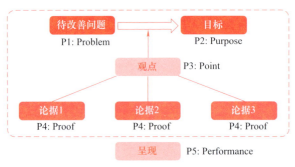

图 0-1 逻辑说服的 5P 法则

P2：Purpose（目标）。当我们说服成功时，对方采取我们想要的行动，就是我们说服的目标。比如产品介绍，你希望客户被你说服，从而购买产品，那么你的目标就是"客户购买产品"。"说服"就是带领你的听众从问题走到目标的过程。

P3：Point（观点）。听众之所以会按照你想要的去行动，是因为接受了你的观点。想要说服客户投资一款理财产品，那么你要让客户接受"这款是最适合你的理财产品"；想要挽留即将离职的员工，你要让其接受"留下来是对你职业发展最有利的选择"。只有具备清晰的观点，才能说服他人。

P4：Proof（论据）。光有观点还不够，别人凭什么相信"这款是最适合你的理财产品"呢？我们需要提供能够支持这个观点的论据。我们可以提供如下论据："根据测评您喜好稳妥灵活的理财方式""这款产品风险小，最大的损失不超过 5%""这款产品灵活度高，满 3 个月可随时赎回"。有了充分的论据才能让别人接受你的观点，进而做出你期待的行为。

P5：Performance（呈现）。呈现就像一个系数，如果做得好，可以让你的说服力以 1.1、1.2，甚至 1.5、1.8 的系数倍增；但倘若做得不好，也可能会以 0.8、0.5，甚至 0.3 的系数减少。通过合理的呈现，把观点和论据展示给听众，才会让听众觉得这些内容是可信的，他们才会被你说服产生你想要的行为改变。

这套方法经过我们大量的实践和验证，已经帮助很多人有效地提升了逻辑说服力。只要你能认真阅读，并按照我们的方法练习，相信一定能够帮助到你。

这本书适合谁读？

有进取心的职场人：有效说服上司、同事、客户，从而高效推动工作，达成更好的业绩。

各层级管理者：具备更强的影响力，游刃有余地化解冲突、促进共识，最终引领团队达成高绩效目标。

个人 IP：打造个人的有效说服力，更好地传播观点，从而塑造更强的个人品牌，最终实现个人 IP 的增值。

创业者、企业家：具备逻辑说服力，是打造个人影响力的基石。只有具备更强的说服力，才能引领他人心甘情愿地追随，最终获得事业的成功。

读这本书可以获得什么？

第一章，我们将一起探索逻辑说服的底层思维认知。第二章，我们将帮助你先将问题本身思考清楚。第三章，我们一起在说服之前制订一个切实可行的目标。第四章，我们将一起研究如何提出强而有力的观点。第五章，我们将运用证据来获得无可辩驳的说服力。第六章，我们将克服紧张，甚至反过来利用紧张，从而自信完美地表达。第七章，我们将给你展示"5P法则"在常见场景中的落地应用。

在本书的后续章节中，没有特意区分"表达""演讲""商务演讲""讲话""发言"这些概念，但指的都是以说服为意图的商务演讲。在本书中，当你遇到这些概念时，如果没有特殊的说明，往往它们表达的是同一个意思。

让我们一起探索如何运用简单的逻辑，提升你的说服力吧！

目录

序一

序二

序三

前言

第一章　构建逻辑说服力的关键认知　　001

何为说服：关于"说服力"两个最深的误解　　002

演讲层次：最多人用、出现频率最高的场景是什么？　　004

重塑思维：解决"茶壶倒饺子"问题的核心前提　　007

有效说服　掌握五要素，解锁逻辑说服的钥匙　　010

第二章　思考有条理，方能表达更清晰　　015

思路清晰：想要说服别人，你得先有答案　　016

澄清问题：找钥匙之前，先看清锁的样子　　021

解决思路：遇事不要慌，试试"问元芳" 024
分析原因：治病要治根，解题找原因 026
团队共创：借助集体智慧解决复杂问题 028

第三章　目标明确，有的放矢　035

观念纠偏：是"说得清楚"还是"讲得漂亮"？ 036
以终为始：99%的人以为自己知道的事 038
制订目标：两个核心问题让目标清晰又具体 042
运用得当：目标制订的三个致命陷阱 044

第四章　让观点更鲜明，重点更突出　049

直抒胸臆：你被"有话不能直说"坑过多少次？ 050
提炼观点：两个方法帮你找到表达的"锚" 054
演绎归纳：让听众接受你的观点 056
先讲观点：打造高效说服力的一招制胜法 061
结论后置：四种情形打破"先讲观点"的固有思维 062

第五章　用论据获得无可辩驳的说服力　069

提供论据：赢得他人信任的秘密 070
有效论证：用好五大论据提升说服力 072
论据数量：需要多少论据，才有最强说服力？ 076
表达结构：用五大结构，把你的话刻进听众心里 079
高效表达：在有限时间内说出重点的三个方法 084

第六章　克服紧张恐惧，自信完美表达　091

了解紧张：想要克服紧张，要先弄懂紧张从何而来　　092

剖析紧张：造成紧张的两大深层因素　　096

缓解紧张：对症下药，缓解紧张的九种武器　　100

建立自信：让你内心更强大的四步循环法　　104

第七章　5P 法则的实践案例　　111

用 5P 法则推动项目进展：好讲师大赛项目　　112

用 5P 法则突出品牌优势　品见办公设计　　115

用 5P 法则梳理产品亮点：开普山红酒　　118

用 5P 法则增强产品价值：蜜季蜂蜜　　120

用 5P 法则梳理个人品牌：邓皓服饰总经理谢均宜　　124

用 5P 法则梳理培训要点：中正齿科培训体系　　127

用 5P 法则规划工作汇报：某科技公司项目方案　　129

参考文献　　131

第一章
构建逻辑说服力的关键认知

何为说服：
关于"说服力"两个最深的误解

乍一听"说服力"这个词，你会联想到什么画面？哪些名字会跳到你的脑海中？

也许你会想到一个大大的舞台，演讲者身后有着巨大的屏幕，台下坐着数百甚至上千观众。也许你想到的是电视屏幕上，演讲者伴着激昂的音乐，富有感情地说出大段的排比句。也许你想到的是在一个三面落地玻璃窗的高级会议室，商界精英正在进行大笔生意的谈判。

跳到你脑海中的名字是谁？或许是乔布斯，他在苹果的发布会上颠覆了人们的认知；或许是马云，他在上千人面前，对未来趋势、商业环境作出让人惊叹的论断；也许是TED演讲者，他们在台上游刃有余地介绍最前沿的发现和创想；或许，跳到你脑海中的是哪家公司CEO的名字……

虽然这些都深刻地影响着世界，但并非本书所要讨论的主题。我们想要讨论的，是在每个普通职场人身上每天都会发生的事情。在我们真实的日常工作中，我们更多遇到的是项目路演、工作汇报、产品介绍、培训授课、求职面试这类场景。你如果按照那些著名演说家的方式学习，往往会发现虽然学到很多东西，却无法在日常工作中使用。

关于"说服力"的第一个误解：说服力只属于那些商界

精英和意见领袖，离我们普通人很远。 事实真的是这样吗？我们一起看看以下这些场景：

求职面试，说服面试官录用自己。

产品介绍，说服客户认可并购买你的产品。

工作汇报，说服领导同意方案并给予资源的支持。

项目推进，说服项目组成员按照进度和要求完成工作。

任务指派，说服下属积极按时完成任务。

会议发言，说服与会者认同你的观点并执行。

项目路演，说服投资人给你的项目投资。

……

至此，我们已经打破了第一个误解，说服不是那些商业精英和意见领袖的专利。甚至可以说，**我们每天都需要不断地进行各种说服，每个人都需要说服力。** 在工作和生活中，我们都需要发挥说服力，才能更好地表达我们的主张，最终让事情朝我们期望的方向发展。

另外，很多人在听到"说服"时，会联想起"强势""控制""迫使""压制"这类非常具有攻击性的词。似乎为了说服对方，我们必须强迫对方放弃自己的想法来跟随我们的观点。**这就是关于"说服力"的第二个误解：说服是迫使对方放弃自己的想法，意味着对抗、竞争和输赢。**

这种第一印象非常根深蒂固，却经不起推敲。难道求职面试时面试官明明认为我们不符合要求，却被迫录用了我们吗？介绍产品时客户并不满意，却鬼使神差地购买了我们的产品吗？工作汇报时老板并不同意我们的方案，却神奇地批准了预算吗？项目路演时投资人内心并不情愿，但莫名其妙地给我们投资吗？

我们稍微深入思考后就发现了这第二个误解的不合理之处，说服并不意味着强迫、对抗、竞争。恰恰相反，**说服是通过有效的表达，让对方心甘情愿地改变想法、产生行动**。说服不是你输我赢，而是双方都要赢。

最早的关于说服别人的方法，要追溯到亚里士多德。古希腊哲学家亚里士多德将"修辞学"定义为说服的艺术，在《修辞学》中他提出了说服的三要素：信任、情感、逻辑。在这三个要素中，逻辑是基础中的基础。本书就将聚焦于"逻辑说服力"这一主题，因为一旦缺乏观点分明、重点突出、条理清晰的论述，将无法有效说服他人。

演讲层次：
最多人用、出现频率最高的场景是什么？

我们已经知道了，商务演讲的核心就是说服，那么我们怎样能够做好商务演讲呢？

这就涉及一个问题：到底是什么把商务演讲与其他演讲区分开？其实，是演讲要达成的目标决定了演讲的类型和层次。

听众在听一个演讲的过程中，会发生三个层面的改变，分别是情感层面、认知层面和行为层面（如图1-1所示）。

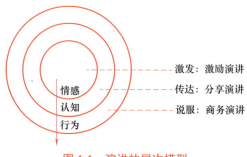

图 1-1　演讲的层次模型

首先，在情感层面要取得听众的信任。人的理性会被感性所影响，当情感层面无法接受时，即使在认知层面说得再好也达不到想要的效果。因为一旦听众在情感层面无法接受，就会选择"我不听我不听"。各位可回忆一下，生活中是不是也存在"你说的都对但我就是不听"的情况？在本书中，我们主要考虑的是运用自信表达的方式，取得对方的基本信任，至少让听众愿意"听听看"。

接下来到了认知层面。听众在情感层面认同之后，会在逻辑和信息层面进行接收。在这里发生了两件事情，第一件是"我懂了"。也就是我们的观点和内容准确无误地传递给了听众，让其能够产生和我们期望一致的理解。听众的第二个想法是"有道理"，也就是听众被我们的逻辑说服了，认同了我们的观点。这两个想法的产生，就是认知层面发生改变的信号。一个人只有认知发生改变了，才会产生行动的意愿。

最后一层就是行为层面，我们获得了听众的信任，改变了听众的认知，最终会促进行为的改变。如果面试官接受了你的"我是所有面试者中最符合要求的候选人"的观点,那么大概率面试官会选择录用你;如果主管接受了你的"A方案在所有方案中性价比最高"的观点,那么主管就会采用A方案。总之,这时听众心里如果产生跟你的建议相符的"我想要……"的念头,就说明他们已经产生行动的意愿了,这就是行为改变的信号。

如果一个演讲,只给听众情感层面的改变,那就是一个激励演讲。比如马丁·路德·金的《我有一个梦想》就是典型的激励演讲。很多讲口才的演讲课,大部分时间是在教如何做激励类的演讲。

如果一个演讲,既有情感层面又有认知层面的改变,那么这就是一个分享演讲。比如TED的绝大部分演讲都是分享演讲,它的主要目的是传授、教育和启发。TED的掌门人克里斯·安德森在《演讲的力量》这本书中提到:"演讲的唯一目的是分享有价值的思想,而且要用你独特的方式真诚地分享。"这里他所提到的"演讲"专指TED演讲,他认为TED演讲就属于分享演讲,而不是商务演讲。

如果一个演讲,既有情感层面又有认知层面,最终还有行为层面的改变,那么这就是我们这本书所着重讨论的商务演讲。这恰恰是大多数人都会遇到的,而且在工作和生活中出现频率最高的需求。比如前面提到的求职面试、产品介绍、工作汇报、项目推进、任务指派、会议发言、项目路演等,都是如此。**一个优秀的商务演讲,一定是以结果为导向,说服听众产生行为改变,达成预期的目标。**

现在，如果有人问你"为什么你要在工作中做演讲"，相信你已经有了答案，那就是：说服你的听众行动起来。

重塑思维：
解决"茶壶倒饺子"问题的核心前提

我参加过一个新生见面会，有一批刚入学的物理学院新生与几名教授交流。在问答时，一名新生提出了这样的问题："有人说学物理是探求事物的本质，但从个人的角度，您能不能讲解一下学习这门学科以后要做什么工作？"当时其中一名教授是这样回答的：

"我觉得你的问题非常好，我本身从事物理方面的工作也已经几十年了，我经常说年轻一代的人一定会超过我们的。他们有新颖的想法，有不受限制的想象力，这个是非常非常好的。我非常喜欢跟年轻人在一起，我觉得这能让我接触到新的事物。有的时候我也跟物理学院其他人讲，要多跟年轻人接触，不然我们的思想都僵化掉了。听到你提这个问题，我觉得很高兴，以前很少有学生想到这样的问题。

"其实也挺巧的，这个月底我们有一个讲座，叫《物理与生活》，地点就在隔壁的报告厅。这个讲座回顾了物理发展的历史，还探讨了物理和我们每个人的生活有什么样的关系，希望大家有兴趣的话都能去听一下。我经常说，我们研究物理的更应该宣传和推广，让老百姓知道物理不是高高在上的，而是和他们每个人都有关系的。

"另外我想说，很多人对物理是有误解的，大家都觉得物理是坐在实验室里面，研究那些高大上的东西。包括我们很多学生都是这样，觉得物理学的都是不接地气的东西，不如工程类的学科对社会贡献大。当然我们允许大家有不同的看法，不同的看法没有对错之分，不能强求大家的认识都是一致的。我虽然不同意这种说法，但我可以理解。

"但我们学物理的同学，应该对物理有更深的了解，物理学现在的发展是百花齐放的。微观上，我们研究物质的组成是什么，现在已经研究到了夸克。夸克有多大，是 10^{-18} 米这个数量级。当然宏观我们也研究，我们研究天体，研究宇宙。所以有的时候我觉得学习物理是一件很浪漫的事情。"

关于物理是否浪漫我们不谈，我想问各位：你还记得前面学生问的是什么问题吗？另外我再问一个问题：你能够用一句话复述出这位教授想表达的核心观点是什么吗？

我想你很难认为这位教授的表达是有逻辑的。然而我们都一样，心中产生了一个巨大的困惑。在我们一般的认知里，一位高校教授受过长期科学研究训练，如果排一个逻辑思维排行榜，他们难道不应该是排在最靠前的吗？我们都相信，这位教授应当是一位思考逻辑非常严谨的人，但同时我们也不得不承认，他在这一次表达中逻辑并不清晰。至此，我们可以得到一个有趣的发现：**思考逻辑与表达逻辑并不相同。**

人在思考问题时,就像在一个衣橱里找衣服:有的挂在高处,有的挂在低处,有的被塞在左边的抽屉里,还有的被叠在最高的格子中。衣橱是立体结构,很多衣服都呈现在我们眼前。思考时也是如此,我们并非只是处理一两件"衣服",所有的信息都立体地放置在"衣橱"里,经过整合、处理,才形成了思考的结果。

思考是立体的,我们将不同的信息放置在"衣橱"的不同格子里。当思考深入时,我们会花较长的时间来处理信息,甚至有的思考可以延续数月、数年。在思考时,我们会天马行空,所以有时不会只围绕着一个主题。当然,经过各种处理后,我们也可能在很多不同主题上得出多个结论。总之,思考是在较长的时间范围内,从众多信息中提炼、推论出一个或者多个结论。

但在表达时,就像你和听众之间有一条线,而你不断地往这条线上穿珠子。你只能一次穿一颗珠子,而听众也只能按照你穿的顺序,一颗一颗地收到你的珠子。所以表达是"线性"的,不管你有多么复杂的思想,都只能组织成一系列的句子,然后一个接着一个穿到"线"上,而听众也只能一个一个地接收到。为了让听众按照能够理解的方式接到这些"珠子",以便领会你在其中蕴含的观点,就需要对"珠子"进行合理的编排、组织,这就是表达的逻辑。

纵使你有深邃的思考,也需要进行合理的组织,这就是思考逻辑与表达逻辑的本质区别。人类天生就会思考,所以也惯用思考的逻辑去表达,而听的人就会觉得主题跳跃、语言重复、前后矛盾。**想要有效说服他人，首先要让对方理解你的观点。**因此，我们需要了解表达的逻辑有何特点，以及如何让自己的表达符合这个逻辑。

有效说服
掌握五要素，解锁逻辑说服的钥匙

第一个问题：闲聊与说服有什么不同？

也许你很快就会想到，闲聊通常只是谈话双方消磨时间、增进感情的一种活动，不需要非得解决什么问题。可以这样说，对闲聊来说，聊什么不重要，聊出什么结果也不重要，重要的是双方要有聊的过程。

说服则不然，在商务场合中，我们之所以需要表达，一定是因为还存在着需要解决的问题。我们应该选择哪个方案？项目推进需不需要做出调整？是否需要购买这个产品？这次面试应该选择哪位候选人？应不应该向这家创业公司投资？正是因为存在着仍未解决的问题，我们才需要用表达的方式，说服对方采纳我们对这个问题提出的方案。

因此，逻辑说服的第一个要素就是：基于一个待解决的问题。

既然说服是基于一个待解决的问题，那么我们一定会为与之相关的表达设定明确的目标。这也与闲聊有所不同，闲聊可以漫无目的，但说服却有着非常明确的目标。我希望对方采纳方案 A；我希望老板给我增加预算和资源；我想要让客户购买我的产品；我希望面试官能够录用我；我希望投资人给我投资……

由此可以知道逻辑说服的第二个要素：有明确的目标。

既然目标明确，那么我们的表达一定要围绕着一个清晰的观点展开。与闲聊的谈天说地、任意驰骋不同，商务场合的表达有非常明确的目标——说服他人，因此所有内容要都为这个目标服务。

我们往往有一种倾向，为了避免别人没有听懂，或者怕自己讲得不够全面，而把所有能想到的相关内容都一股脑丢进来。可实际上，这种看似"万无一失"反而模糊了真正的焦点。大量的细节、数据，甚至还夹杂着无关的背景、信息，就像面对着一系列分叉路口，不仅消磨了听众的耐心和兴趣，也让听众彻底迷失，无法理解你的观点。最后，听众会在心里大声呐喊：你想说什么？你想让我做什么？我求你来个痛快的吧！**如果不能把你的观点提炼成一句话，就说明你还没准备好做这场演讲。**

因此，逻辑说服的第三个要素就是：围绕着一个清晰的观点。

当然，仅仅有清晰的观点还不够，想让听众接受观点，你需要给出能够支撑观点的论据。很多人喜欢不断抛出观点，却不做任何解释和论证，就企图让听众接受。

我们的一位学员，在内部会议中就曾对他的员工说过这样的话："虽然新的 CRM 系统会带来一些变化，大家可能会不适应,但新的系统肯定会更好,希望你们都能支持。"我们发现,他虽然抛出了"新的系统肯定会更好"的观点,但却没有给出任何证据。除非大家愿意无条件地接受他的判断(或者被迫屈服于他的领导权威),否则他并没有有效地说服员工接受新的系统。

正确的做法应当是,说明新的平台在哪些方面比旧平台更有优势,这些优势可以让公司和每个员工从中受益,而且从其他公司的使用经验或者我们公司的试点情况来看,有数据统计或者正面案例可以证明这些优势。**应当给出证据,让听众从中得出观点,而不是企图只给观点就让对方买单。**

因此,逻辑说服的第四个要素就是:提供了证明观点的证据或理由。

纵使问题清楚、目标明确、观点清晰、证据翔实,但说服终究是需要借助表达来完成的,而且往往是口头表达。然而很多人把前面四个要素都做得非常好,唯独在呈现时打了折扣。呈现对于说服有加成效果,做得好可以倍增说服力,做得不好也会削弱说服力。对大多数人来说,初期最容易遇到的问题就是,一旦碰到重要对象、重要场合,就会极度紧张导致发挥失常,那么前四个因素打下的好基础也就荡然无存。

当表达者过度紧张时,他们的状态也会影响听众。听众则会用走神、小声闲聊、看手机、离席等方式来回应。

因此,逻辑说服的第五个要素就是:轻松自然的呈现。

至此,我们已经总结出了逻辑表达的五要素:

基于一个待解决的问题；有明确的目标；围绕着一个清晰的观点；提供了证明观点的证据或理由；轻松自然的呈现。

这五要素恰好可以对应逻辑说服的 5P 模型，能够做到这五要素，你的每一次表达都能严谨、清晰、高效，从而为你的说服效率起到加成效果。后续将逐步解锁这些技巧，最终使你完整具备五要素，进行有逻辑的说服。

第二章

思考有条理，方能表达更清晰

思路清晰：
想要说服别人，你得先有答案

作为现代职场人，我们每天在工作中都要回答各种各样的问题。如何提升下个季度的销售额？客户为什么连续两个月都延期付款？怎样提升公众号的阅读量？如何提高团队的开会效率？**我们职场人每天的表达，都是围绕着待改善问题而展开的。**

一个具有逻辑说服力的人，会先进行完善地思考，然后再条理清晰地进行表达；而一个缺乏逻辑的人，会凭感觉想到什么说什么，也会经常离题千里。你在职场中，有没有遇到过这样的人，就在他们似乎快要讲完的时候，突然话锋一转："对了，我还想到一点……"

那么，逻辑对表达有什么影响呢？我们来看一个案例。

A 公司正在开主题为"如何提升本季度销售额"的高层会议，几位经理就这个主题，即将轮流发表自己的看法。

轮到凯文发言，他喝了一口杯子里的茶水，说："这个季度呢，我们制定的是 20 万的销售额，其实这个目标定得不算高，跟去年相比当然还是有些挑战性，不过也不是达不成。而且销售团队的目标就是要有挑战性，不然都无法激发斗志。没有狼性，那还是合格的销售吗？前两天我招聘新销售时就说了，销售要是没有不断挑战新目标的勇气，那就不是我们公司想要的人……我说到哪儿了？哦，这个季度已经过去两个月了，我们目标完成还不到一半，必须要有些动作才行。接下来我们团队还需要多拜访拜访客户，再努点力，加个班把业绩冲一下。有些同事啊，上班的时候不积极，一到下班跑得比谁都快，这样业绩怎么能上去呢？越是紧急时刻，销售越是要努力。当然努力不一定能解决问题，产品方面也有优化的空间。对了，上次开会提到研发的那个新产品，最近好像也没什么动静，这个还是需要落实，要不然人家客户提出了需求，但我们满足不了，这就不是销售人员能搞定的了，所以新产品的研发还是需要加紧的。其他的我再想想，就先这样吧。"

紧接着，轮到了约翰，他说："想要提升本季度的营业额，我觉得需要从两个方面着手，一个是产品，一个是人。产品包括新产品和老产品。我们上次开会立项的新产品看看能不能加快进度，尽快推出市场，这是打开市场局面的一种方式。在老产品方面，对于已经发现的改进点，最好本周内就可以完成迭代。除了产品以外，第二个主要的方面是人，人包括心态和方法。在心态方面，针对产品我们不应该一有不足就抱怨，任何一个产品都有不足，我们要做的是怎么放大产品的优势和亮点。另外是方法层面，我们有些销售积极性很高，但是方法和能力还是需要提升，我建议引入一些成熟的销售课程。相信通过产品和人两方面提升，本季度我们一起努力，还是可以完成目标的。"

如果你是公司的老板，会更喜欢谁的发言呢？想必是约翰。因为与凯文相比,约翰的发言逻辑清晰,非常具有说服力。那么凯文之所以听起来没有逻辑、缺乏说服力,是因为他表达的逻辑有问题吗?要回答这个问题,我们先一起看一下表达的思维过程是什么样的(如图 2-1 所示)。

图 2-1　表达的思维过程

在我们需要表达,到真正进行表达之间,在我们的大脑里面发生了什么呢?正如前文所说的,职场人的表达往往是围绕着一个问题展开的。**我们找到问题的答案,然后说服别人采纳这个方案,这恰恰是现代职场人推进工作的重要方式。**所以当需要就某个问题进行表达时,首先要明确我们是否有解决这个问题的答案。很多人面对问题还没有答案就开讲,就会想到哪里讲到哪里,这其实不是表达的逻辑有问题,而是连要说什么内容都没搞清楚。如果已经尝试过找答案,可结果还是没找到,那么就是解决问题的逻辑出了问题。

当然也有些人是脑子里明明有答案,但是说的时候却发现讲出来的东西发生了跳跃,缺少合理的顺序和结构,这时就是语言表达的逻辑出了问题。**如果想要具备逻辑说服力,那么语言表达的逻辑和解决问题的逻辑,是缺一不可的。**

如何判断自己解决问题的逻辑和语言表达的逻辑,是哪一个出了问题呢?本书提供了一套测试题,可以测一测你的逻辑能力处于什么样的水平。

表 2-1 中有 10 个题目,每个题目的分数是 1~5 分,如果你觉得与题目描述特别符合就是 5 分,特别不符合就是 1 分。

表 2-1　逻辑测试题

序号	题目描述	非常符合	比较符合	一般	比较不符合	非常不符合
1	只有和熟悉的人才能顺利一起工作。	□	□	□	□	□
2	不善于在人们面前进行语言表达。	□	□	□	□	□
3	不善于完整地倾听别人说话的内容。	□	□	□	□	□
4	别人对自己说"我不知道你究竟要说什么"。	□	□	□	□	□
5	讲话的时候思维经常出现跳跃,语言不连贯。	□	□	□	□	□
6	面对新的问题时,很多事情都不知从何着手。	□	□	□	□	□
7	做需要思考的工作时,花费很长时间却仍得不出结论。	□	□	□	□	□
8	当被别人问到"为什么"时,不知如何回答。	□	□	□	□	□
9	经常被人指责说工作做得不完整或者需要重新做。	□	□	□	□	□

（续）

序号	题目描述	非常符合	比较符合	一般	比较不符合	非常不符合
10	在"做还是不做"二者之间做出选择很苦恼。	□	□	□	□	□
	分值	5分	4分	3分	2分	1分

1~5题的总分数是：

5~10题的总分数是：

前面1~5题测试的是你的语言表达逻辑，后面的6~10题测试的是你的解决问题的逻辑。对照表2-2，来看看你的逻辑能力如何呢？

表2-2 得分分析

分数区间	1~5题总分	6~10题总分
≤10分	语言表达逻辑缜密	解决问题逻辑缜密
11~18分	语言表达逻辑一般	解决问题逻辑一般
19分或以上	语言表达逻辑亟须改善	解决问题逻辑亟须改善

如果你的两个分数都在10分以内，那么你两种逻辑都比较出色，这会让你在工作中如鱼得水，获得不错的成绩。如果分数在11~18分之间，那么你的逻辑能力有一定的基础，但是还有提升空间，你可以有针对性地挑选书中的对应的重点内容进行反复阅读和训练。如果你的分数在19分或以上，那么你的逻辑能力很可能会阻碍你接下来的发展，你需要把逻辑能力作为你的当务之急去提升，除了认真阅读此书、努力实践外，也建议在工作中找一个好朋友作为你的成长伙伴，大胆指出你的逻辑问题。如果有条件的话，你还可

以有针对性地参加一些线上的训练营或者线下的课程快速提升。

以上两种提升逻辑的方法，本书都会带你一起突破。但在学习语言表达的逻辑之前，让我们先来学习解决问题的逻辑，因为解决问题是逻辑表达的基础。

澄清问题：
找钥匙之前，先看清锁的样子

在工作中，问题召唤了我们。当问题出现，我们需要找到解决问题可能的方案，然后说服主管、同事、下属接受我们的观点。团队就是在这样互相说服的过程中，最终找到了共识，并且统一步调付诸行动。商务演讲就是说服听众从待解决的问题到达成目标的过程。

爱因斯坦曾说过："如果我有1小时来解决一个关乎我生死的问题，我将用55分钟来定义问题，然后5分钟内就足够解决这个问题。"这充分说明，在解决问题之前，至关重要的是要先找到问题。

那什么是"问题"呢？我们给问题下个定义（如图2-2所示），**问题就是期望状态与现实状态之间的差距**。在商务演讲中，问题就决定了你为什么要做这次演讲。

比如说，最近一个月公司销售业绩下滑严重，你期待用一场汇报来分析业绩下滑的原因，并让大家认同你的改善方案。但想要说服别人接受你的方案,前提是你对于现状和期望达成的目标有充分的认识,并且找到了弥补差距的措施。**你无法说服别人接受一个还不存在的方案。**

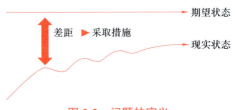

图 2-2　问题的定义

那么在企业内,通常有哪几种类型的事情呢?我们把问题分为 3 种类型(如图 2-3 所示),分别为:亡羊补牢——已经发生的事;未雨绸缪——未发生的事;创新精进——想要做得更好的事。

图 2-3　企业问题的三大分类

第一种是"亡羊补牢"的问题,指的是本不该出现的状况,现在出现了,我们希望能够让事情恢复原本应该有的样子。例如,业绩下滑、生产量下降、客户未及时付款、培训评估分数未到达预期,员工的工作积极性较低等。"亡羊补牢"往往是已经出现不良的变化,为了消除负面的影响而解决的问题。在日常工作中,很多时候我们所说的问题,指的就是"亡羊补牢"。

第二种是"未雨绸缪"的问题，指的是不利情况还没有出现，但是为了防止出现不利情况影响现状，我们需要提前做好预案。有些问题的出现，会带来很多的影响或者损失。例如，预防火灾、预防大雨、预防产品出现大批质量问题、预防员工流失等，都属于此类问题。"未雨绸缪"往往是现在还正常，为了防止现状变差，而采取预防措施。本质上，"未雨绸缪"就是在问题发生之前就解决问题。

第三种是"创新精进"的问题，指的是现状符合预期，但我们还希望做得更好，也就是精益求精，对现状进行改良。例如，优化产品规格，进一步提升客户体验，进一步提升工作效率，极致降低采购成本等。"创新精进"往往是现在还不错，但我们依然要有更高的追求。

每一个职场人都有机会遇到这三类问题，但根据职业发展阶段不同，遇到的频率却有所区分。职场新人往往需要解决"亡羊补牢"的问题，到了中基层管理者往往更多思考"未雨绸缪"的问题，而高管则经常思考"创新精进"的问题。我们也可以看出，越聚焦于未来的事，一个人的眼界就会越开阔。反过来说，如果想要提升自我，那么也应该多多思考"未雨绸缪"和"创新精进"的问题。只有把精力更多放在重要但不紧急的事情上时，一个人工作成果才会更好，格局也才会更高。

解决思路：
遇事不要慌，试试"问元芳"

针对在企业中我们会遇到的三类问题，只要能掌握每一类问题的解决思路，那么我们就可以遇事不慌、从容面对了。

"亡羊补牢"的问题，可以按照这个步骤来解决（如图 2-4 所示）：

1. 明确现状与之前的预期有何差距（明确问题）。
2. 弄清楚为何产生了差距（找出原因）。
3. 制订弥补差距的方案（解决方案）。

图 2-4 "亡羊补牢"的问题解决步骤

"未雨绸缪"的问题，可以按照这个步骤来解决（如图 2-5 所示）：

1. 预判可能会发生什么不利情况（预估问题）。
2. 找出可能导致这一风险发生的因素（可能原因）。
3. 制订对应的预防措施（预防方案）。

图 2-5 "未雨绸缪"的问题解决步骤

"创新精进"的问题,可以按照这个步骤来解决(如图 2-6 所示):

1. 确定一个更高的目标(创造问题)。
2. 找出达成更高目标的影响因素(分析原因)。
3. 思考通过什么路径达成目标(改善方案)。

图 2-6 "创新精进"的问题解决步骤

我们把三类问题的解决思路汇总起来,一起来看一下,你有没有发现它们的共通之处呢?细心的你或许已经发现了,不管是哪一类问题,解决的思路都包含了三个核心的步骤(如图 2-7 所示):问题、原因、方案。

解决问题的逻辑只有一个:"问元芳。" 所以当你下次遇到任何问题,都可以把自己想象成狄大人来问元芳:"这事,你怎么看?"相信你就有思路了。所以,遇到问题不要慌,淡定思考"问元芳"。

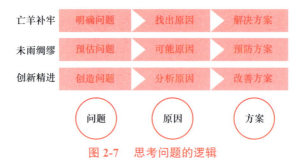

图 2-7　思考问题的逻辑

● 分析原因：
○ 治病要治根，解题找原因

如果你看到地上有一摊水，应该如何解决？当然是擦掉啊。但是过了一会儿，你发现地上又出现了一摊水，这时又应该如何解决？还是擦掉吗？其实，这时应该抬头看看。哦，原来是水管在漏水。

地上的这摊水，只是一个表面问题，不管擦得多努力、擦得多好，问题还是会一再出现。因为没有解决漏水的水管，地上的水是不会真正消失的。问题解决也是如此，我们看到的"问题"往往只是表面问题，也就是那摊水。**如果不能找到根本原因，问题永远也无法得到彻底解决。**

其实要解决这个问题也很简单，只要看到地上这摊水时问自己一个问题：为什么地上会有一摊水？

找到根本原因的关键就在于，不断地问自己"为什么"。在丰田，重复问 5 次"为什么"已经是企业文化的一部分，丰田将这种方法称为"5WHY"。当然，不是所有的问题都要问5次才行，有时也可能只问了2~3个"为什么"就找到了根本原因。但对于刚刚接触这种方法的人来说，如果只问2~3个"为什么"，很可能会在没有找出根本原因时，就停留在某一层表面原因上。所以，最好尝试4~5次"为什么"，这样可以帮助我们找到真正的原因。

在我们的一次线下课中，一位从事冷冻肉类生意的陈总，在课堂上说出了他的烦恼。他最近最感到头疼的，就是仓储部员工工作态度不积极，不知道该怎么处理。于是便有了接下来的，用多个"为什么"来探寻根本原因的过程（如图2-8所示）。

- 仓储员工工作态度不积极。
  - 为什么①：为什么说员工不积极？
- 因为他们不去主动规整货品。
  - 为什么②：为什么不主动规整货品？
- 因为做多做少不会影响绩效。
  - 为什么③：为什么做多做少不影响绩效？
- 因为绩效考核制度不合理。
  - 为什么④：为什么绩效考核制度不合理？
- 因为是2年前制订的，还没修改。

图2-8 "5WHY"法寻找问题的根源

当问到这里的时候，陈总就意识到根本原因出在哪里了：是陈旧的绩效考核制度，无法有效激发员工的积极性。在没有找到根本原因时，陈总认为这是员工的工作态度问题。但员工的态度，往往是管理者的行为、团队的氛围、企业的制度等种种因素，联合在一起所塑造的。揪着"态度"这样一个成因复杂、看不见摸不着的东西不放，是无法真正解决问题的。

在这里给各位一些问"为什么"的小建议：

如果问题与主观评价有关，或者问题本身比较模糊，可以问对方"为什么说……"。比如"我最近工作没什么状态。"就可以问："为什么说最近工作没状态？"这样可以让问题更加具体。

如果问题是客观事实，或者是人的行为，只要在前面加上"为什么"就可以反问。比如，"我经常发现刚打印好的文件就找不到了。"就可以问："为什么刚打印好的文件找不到了？"

在探寻问题原因时，巧妙地多问几个"为什么"，就能拨开迷雾，看到事情的本质。**找到根本原因，才能根本解决。**

团队共创：
借助集体智慧解决复杂问题

当问题错综复杂，影响因素有很多时，想要找到合适解决方案的难度就会陡然升高。特别是传统的解决方案，已经被证明不能解决问题时，更需要我们有创新性的想法出现。在这种情况下，我们会更加依赖团队的智慧。目前，团体决策依然是解决复杂难题的最佳途径。但是，团队中每个人都有不同的专业、经历、看法、感受，如果**只是把大家聚在一起，并不能有效地做出决策**。

为了解决这种问题，需要有大量的帮助团队更加开放地进行讨论的方法。如果能保证团队充分沟通和共享，就可以获得更全面的思考、更一致的共识、更高质量的决策。而头脑风暴，恰恰是促进团队一起发挥创意和点子的常见方法。

头脑风暴法（Brain storming），由美国BBDO广告公司（Batten，Bcroton，Durstine and Osborn）创始人亚历克斯·奥斯本（Alex Faickney Osborn）提出，它可以帮助团队进行共创，找到新颖的甚至是异想天开的点子来解决问题。

头脑风暴的典型形式，是召集数名相关的与会者，来讨论一个既定的主题。在开始前，主持者会以明确的方式向所有参与者阐明问题，说明讨论的规则，尽力创造融洽轻松的会议气氛。接下来，与会者们会就同一个主题，自由地提出想法，在这个过程中也有相互激发的现象不断发生。为了避免影响自由的氛围和表达的意愿，一般不会对别人的想法发表意见。最终，团队会产生很多新点子。

为了保证讨论的质量，对与会人数和讨论时长都有所要求。以经验来说，头脑风暴可以有8~12人左右参加，讨论时长以20~60分钟为宜。选择与会者时，可以参考下述三个原则。

1. 如果参加者相互认识，要从同一职位（职称或级别）的人员中选取。领导人员一般不参加，以免对参加者造成某种压力。

2. 如果参加者互不认识，可从不同职位（职称或级别）的人员中选取。这时不应宣布参加人员职位，不论成员的职称或级别的高低，都应同等对待。

3. 参加者可以对主题有一定的认知专业度，但也可考虑保持一定的多样性，引入一些经验丰富的其他领域专家。但参加者应当都对讨论的主题有深入的理解。

头脑风暴有很多种形式，相互之间有微小的差别。本书将介绍一种书写式头脑风暴，操作简便、效果较好。这种头脑风暴的具体的操作流程步骤如下。

第一步。请大家用便笺纸书写，你认为这个问题的解决方案可能有哪些？请把你认为的答案写在便利贴上，注意，每张纸只写一点，字可以大一些，便于集中汇总。每个人请写5张以上，此步骤可以进行2~5分钟。

第二步。确认每个人写完5张以上，可开始第二步，从第一个人依次给出一张，主持人大声宣读纸上的内容，确保每个人能够听见，然后贴到墙上。然后第二个人给出一张，以此类推。

第三步。当墙上有10张时，主持人停下来问大家："这里面有没有可以分成一类的？"可以分成一类的就贴在一个竖排上。直到大家没有认为可以分成一类的，主持人可继续进行。仍然是要求大家依次给出一张，每一张都宣读，然后要么跟原有的分成一类，要么单独另起一个竖排成为新类。

第四步。所有想法都上墙之后，主持人再次询问"分类还有没有要调整的了？"等所有人对于分类没有异议以后，进行下一步。

第五步。分类命名，现在对每个类别都进行命名，请大家用尽量简单的短语来总结命名。从贴得最多的类别开始讨论命名，最好用彩色纸书写类别名，贴在每一竖排的最上面。直到所有类别都完成命名。

在讨论中有一些基本原则，需要每个参与者遵守。讨论的主持人应当在讨论开始前就明确地公布这些原则。

头脑风暴的基本原则：

1. 绝对不评判。
2. 多疯狂的点子都可以。
3. 点子多多益善。
4. 可以在别人的点子上再创造。

举个例子，在瑞言商务演讲的线下课上，上完两天的课，我们会让学员做一个练习，主题就是"如果要给你的朋友推荐瑞言商务演讲课程，你会怎么讲？"其实这里要解决的问题就是"课程有什么亮点或优势。"当然这个问题并不属于一个复杂问题，这是为了方便学员练习。我们的学员就会采用头脑风暴的方法做方案的共创，如图 2-9 所示就是学员头脑风暴出来的一些内容。给你留一个思考题：你能够把这些特点进行归类汇总吗？

图 2-9　瑞言商务演讲课程的优势

学 员 案 例

我的主业是保险代理人,我们的工作除了和客户联络感情之外,更多的是需要给客户提供解决问题的方案,最终促进合作达成。但我的性格特质,让我在和客户沟通的时候虽然很容易共情,但到头来却发现真正的问题并没有解决。在成交方面,总感觉差那"临门一脚"! 感情再好,没有成交,一切都是空的! 于是,我总有种深深的无力感……

这种无力感终于在学习了逻辑说服力课程之后终结了。课程中,给我最大启发的,是这样两个观点:

问题就是期望状态与现实状态之间的差距。

遇到问题不用慌,淡定思考"问元芳"(问题、原因、方法)。

在上课及练习之后,我小试牛刀,在一位潜在客户身上试验了新的方法。

这位潜在客户是个喜欢未雨绸缪的人，想找我买保险，但又不知道具体该怎么规划。于是，我让她好好想一想，自己未来的理想状态是什么样，越具体越好，然后再帮她对比了现实状态。我发现，因为她是自由职业者，所以最担忧的就是未来的养老和孩子的教育。接着，我帮她测算了优质的养老和教育的花费，并分析了距离现在她的情况还有多大的缺口。

找到了问题所在，事情就好办了！我帮她规划了一份切实可行的养老金、教育金筹备方案，她只要按照方案一一去落实就可以迎刃而解！很快，她就在我这里配置了两份大额年金险，同时开启了长期的基金定投，为未来的养老和教育做准备。

在这次的沟通当中，我除了运用以往的共情优势以外，还充分运用了在逻辑说服力课程中学到的两个方法：找到差距、提出方案。既帮客户解决了问题，又疏导了情绪，最终促成了成交，简直就是一举三得！

学员：刘迩兮（二喜）

第三章

目标明确,有的放矢

观念纠偏：
是"说得清楚"还是"讲得漂亮"？

当我们打开手机呼叫一辆出租车，首先我们会定位自己所在的位置，接下来我们需要做什么呢？大家一定会说："这还要问吗？当然是定位我要去的地方了。"

各位想必都用手机叫过出租车，那么一定就会发现，我们需要确认的最重要的信息，就是自己所处的地点以及即将要去的地点。至于说要具体走什么路线，只要没有过于绕路，似乎都无所谓。或者来的是什么车型，虽然多少会影响乘坐的体验，但跟目的地相比好像也没那么重要。

对说服来说也是一样，如果我们就是出租车司机，在乘客乘上"表达"这辆车之前，我们首先要确认的也是这两点。一是起点，也就是待解决的问题。另外一点就是终点，也就是我们想要说服听众去往什么样的状态，这就称为说服的目标。其他的因素也许有影响，但都不及这两点重要。

当我们问起："你下一次正式发言的目标是什么？"有时我们会得到这样的一些答案。

我想让领导了解我的方案。

我想把项目进度汇报给各位同事。

我想要做一个精彩的述职报告。

我想把这个方案介绍得非常吸引人。

我们可以分析一下,"我想让领导了解我的方案"和"我想把项目进度汇报给各位同事",本质上是在进行信息的交流,也就是"说得清楚",让听众了解他们原本并不了解的信息。但是,"说得清楚"也许勉强称得上是比较初级的"沟通",却远远谈不上是"说服"。我们的最终目标,是要通过传递有用的信息,说服听的人做出决策。**只有善于在每一次"汇报"中都能得到对推动工作有利的决策,才是说服的价值。**

这样看来,在我们前往目的地的路途中,"传递信息"只是路途中经过的一些地点。正如乘客乘坐出租车时,往往有几条经过不同地点的路可选,但如果都能到达目的地,其实走哪条都差不多。

接着我们一起来看,"我想要做一个精彩的述职报告"和"我想把这个方案介绍得非常吸引人"这两点,本质上是"讲得漂亮"。如果我们到书店去找"汇报"这类主题的书,会发现很多教你如何制作材料、在别人面前应该说些什么的内容。但表达只是一种手段,说服才是目的。"表达"做得好,最多只是打动对方,却不见得会产生行为的改变。**如果商务演讲只能产生"感动"的效果,而没有产生"行动"的变化,那么无疑是失败的。**

如果回到乘坐出租车的类比中,"表达"就好像是乘客乘坐的"车型"。好车无疑可以让乘客体验更好,但如果不能到达目的地,恐怕再好的体验也是毫无意义。在商务演讲中,我们最核心的价值,是带领听众解决问题,一起到达终点。

不管是"说得清楚"还是"讲得漂亮",都不是最重要的。因为乘客只关心一件事:到达目的地。

以终为始:
99% 的人以为自己知道的事

几乎所有人,都会在做一件事情之前制定"目标"。每个现代职场人,都能说得上来目标有多么重要,然而残酷的现实却展现了另外一番面貌。接下来,让我一起看看凯恩身上所发生的事情。

凯恩经过了几周的精心准备,带着"如何提升工作效率"这样一份方案,走进了会议室。凯恩自信满满,深信这将近 50 页的报告,一定可以打动会议室的每一位领导。凯恩昂首挺胸,流畅地开始了这次汇报。

凯恩一边讲,一边观察到听众正在翻阅他提供的材料,看起来是一个不错的开始,大家表现得似乎很有兴趣。不过,凯恩很快注意到,大家把材料放回到了桌上。有些人开始敲起了自己的键盘,有些人的脸似乎被手机屏幕映亮了,更糟糕的是,他们中有不少人开始议论着什么。时间已经过去 20 分钟了,原本 15 分钟的时间已经超时了,可凯恩还剩下三十几页没有讲完。凯恩开始愈发慌张,听众们也开始不耐烦。

终于，埃里克打断了凯恩："看得出你很用心，不过我很难看出这个方案如何帮助公司提升工作效率。希望你后续做一些整理，下次有机会再汇报吧。"凯恩一下子就像霜打的茄子一样，垂头丧气地走到会议室的后面，失落地坐了下去。

接下来，轮到凯恩的同事罗伊对同一个主题进行方案汇报。因为凯恩的超时，留给罗伊的时间只剩下 10 分钟。凯恩注意到，罗伊没有完全按照 PPT 的内容进行逐一讲解，而是让大家直接进入第 5 页，接着罗伊进行了一番讲解。

"关于这个问题的紧迫程度，凯恩已经阐述得非常清楚了。这一页，是我要跟大家重点汇报的几点。

"我建议，开展系统性的沟通表达培训项目，推行项目的看板可视化管理，优化汇报及会议流程。

"第一，提升沟通表达能力，能够极大地提升我们的个人工作效率。根据我的访谈结果，公司员工在进行例行沟通、会议、讨论上所花的时间，已经占到了全部时间的 64%。在这方面进行效率提升，将非常有意义。

"第二，项目看板管理，可以降低员工的沟通成本。我们目前每周要召开大量项目进度沟通会议，可最近一个月已经发生两次因信息沟通不足导致的工作失误。引入项目看板管理，可以降低与此相关的沟通成本，减少工作失误。

"第三，优化汇报及会议流程，可以极大释放员工的脑力和时间。在访谈中，有 79% 的员工都反映存在同一个报告需要反复给不同人汇报的情况，63% 的员工反映会议冗长、决策效率低。如果我们能够优化汇报及会议流程,将极大地提升团队的效率。

"总之,我的方案是建议开展系统性的沟通表达培训项目,推行项目的看板可视化管理,优化汇报及会议流程。如果可以的话,请各位批准我们在本月成立正式的项目组,并批准相应的预算。汇报的具体数据和分析在第 9~12 页有详细的展示,各位主管可以查看。

"接下来,各位还有什么疑问,我可以一并在此进行回答。"

凯恩非常惊讶,看着手中罗伊提供的材料,凯恩注意到他其实准备了很多材料,但却只讲了这么一点点。接下来更让凯恩惊讶的事情发生了,埃里克表情愉快地说:"非常好,看起来你的方案已经考虑得非常全面了。我会批准你的项目预算,另外你们项目启动时,我也希望去现场给大家打打气。"

"我也支持你的方案,结论清晰,论证很完整。"西蒙是公司的人力资源总监,他也表示赞同,"关于培训项目的事情,HR 这边会提供专业支持,会下我们可以进一步对接。"

埃里克甚至还开起了玩笑:"罗伊,如果大家通过培训,都能达到你这样的汇报效果,那对于团队的工作效率倒真是有不小的提升呀。"

凯恩很不解,甚至有些委屈。他花了几个晚上时间,准备得详细又充分。光 PPT 的优化,都花了将近一周的时间,最终换来的却是这样的结果。反观罗伊，报告才十几页，讲的时候甚至只讲了不到 5 页，却让领导们非常满意。这到底是为什么呢？

罗伊到底做了什么？简单来说，罗伊真正做到了以目标为导向进行说服。罗伊并没有将报告的具体内容作为表达的核心，而是以对象所关心的问题和结论为核心，以达成目标为终点进行汇报。

而凯恩呢，将精力放在了材料本身上，而没有注意到材料只是用来增强说服力的道具而已。他做了太精致、太详细的材料，就好像出租车司机准备了矿泉水、按摩坐垫、香薰，甚至还在车里扯上闪烁的彩灯；他的讲解过于繁琐和冗长，就像出租车司机绕路到景区，只为了让你看一眼这里很漂亮。可再多的花样，再美的风景，也掩盖不了乘客迷失在路途中，没有到达目的地的残酷现实。

事实上，在职场中几乎所有人在理论上都知道"目标"的重要性，但在实践中却忽视目标。究其原因，其实就是很多人都放弃了去思考根本目的，将商务演讲当作一个例行的工作，而不是看作一次珍贵的说服别人发生改变的机会。这种理论与实践的脱节，将很多职场人的理想与现实撕裂开来，而这恰恰是本章所尝试解决的问题。

很多时候，我们将一次表达当作传递信息的机会。事实上，仅仅传递信息也可以使用发邮件、发报告的方式。之所以选择商务演讲，是因为我们需要通过这种形式说服对方做出某种改变。

定好明确的目标，对于一次商务演讲能否有效说服，起到了至关重要的作用。关于目标，职场人在理论与实践上存在割裂，也就是理论上知道重要，实践上却未引起重视。然而，一旦我们能够弥合理论与实践的裂缝，从目标出发梳理商务演讲，就能让说服力得到极大的提升。

制订目标：
两个核心问题让目标清晰又具体

在之前的章节，我们已经接触过"演讲层次模型"了。

一个优秀的商务演讲，一定是要以结果为导向的，让听众产生行为改变，达成预期的目标。因此，我们在正式进行演讲之前，非常有必要问自己这样的一个问题："演讲结束时，我希望听众做什么？"当我们提到"说服"时，就是指说服听众发生行为改变。

把说服听众发生行为改变当作目标，让我们在准备商务演讲时，有了稳固的立足点。史蒂芬·柯维在《高效能人士的七个习惯》中，提到了一个非常重要的习惯，叫作以终为始。柯维博士指出，"以终为始"意味着"任何事都是两次创造而成"，第一次是智力上的创造，即在头脑中进行构思，第二次是体力上的创造，即真正付诸实践。正如盖一栋摩天大楼，需要先画出详细完整的蓝图一样，逻辑说服也需要先在头脑中构建蓝图，最终才是实际进行表达的过程。如果蓝图没有画好，或者有细节上的遗漏，都会在付诸实践时，让人不得不付出更多精力去弥补失误。目标是否达成，是衡量演讲是否成功的唯一标准。**而商务演讲唯一的目标，就是说服听众发生行为改变。**

如果是要说服听众发生行为改变，那么就不可避免地要回答第一个问题：我的听众是谁？有的人可能会觉"我的听众是谁"这样的问题过于简单，然而若是仔细追问，我们就会发现这个问题并不像我们所想的那样理所当然。谁是听众呢？听到我这场商务演讲的人就是听众吗？如果听众不止一人的话，那谁更重要一些呢？

事实上，并非所有在现场听演讲的人都是听众，这中间只有我们想要说服的那些人才是听众。其他人，我们可以称之为"围观群众"，或者是"吃瓜群众"。也许他们对于现场氛围有所影响，所以依然需要照顾，但本质上来说他们并不是我们这次商务演讲的核心听众。

听众对演讲者的影响力大小不同，重要性也有所差别，需要我们提前进行分析和排序。比如在工作汇报中，能够做最终决策的人就是最主要的听众，通常是主管。但往往还有一些人，对最终决策有直接影响力，这些将是我们的次要听众。在一场面试中，通常业务主管是最主要的听众，HR往往是次要听众。在产品介绍时，为购买产品而付费的人和能决定买不买的人，是主要听众，而产品最终的使用者是次要听众。

而接下来我们要回答的第二个问题，就是：我希望听众在演讲后做什么?

商务演讲的目标,是说服听众发生行为改变,而改变就是从现实状态改变为理想状态。通常演讲的现实状态是"听众暂时还没有这么做",而演讲的理想状态就是"听众这么做了"。因此,在制订目标时,我们可以聚焦于我们希望"听众在演讲后做什么"。

如果是公司职员做工作汇报,演讲目标可以定为:演讲结束时,经理批准我的方案和预算。如果是求职者参与一场面试,演讲目标可以定为:面试结束时,业务经理决定录用我。如果是销售经理做产品介绍,演讲目标可以定为:演讲结束时,客户决定购买我的产品。

因此,想要制订一个清晰具体的商务演讲目标,只要回答好这两个问题:

我的听众是谁?

我希望听众在演讲后做什么?

在每一次为商务演讲做精心准备之前,先花上几分钟思考这两个问题,就能让你的说服力成倍提升。因为与胡乱放箭相比,显然先瞄准的人更容易击中靶心。

运用得当:
目标制订的三个致命陷阱

通常能够回答上一节的两个核心问题,就可以制订一个清晰的演讲目标了。但根据我们以往的教学经验，在目标制订时，有三个致命陷阱是很多人经常会踏入的。这三个致命陷阱，可能导致目标的迷失，最终导致在表达过程中丧失说服力。

陷阱一：将目标与演讲主题混为一谈。

有时我们会在课上看到，类似于"关于项目进度的说明""和领导谈谈加薪"这类目标。首先我们能够看出，这些目标都不是围绕着"听众在演讲后要做什么"来撰写的，所以并不是一个理想的目标。实际上，这些连目标都称不上，只能说是主题。

就拿"和领导谈谈加薪"这个主题为例，可能有的人只想涨5%~8%，也有可能有的人想要一下子就能涨20%~30%，甚至也不排除有的人希望涨50%。这些不同的期待，会导致在演讲的内容、说服的论据等都会有很大差异。如果只是写"和领导谈谈加薪"这样的主题，则很多重要的信息都会被忽略，而以一种粗糙、简化的形式呈现出来。商务演讲的目标可以非常具体，很多时候甚至是可以量化的，**我们需要有清晰的界定，而不是只有一个大概的主题方向**。

陷阱二：用"万金油"的商务演讲应付所有场合。

不同的听众有不同的关切，这也会导致我们每次讲话都会有不同的目标。那么"用同样的内容应付所有场合"既不现实，也不符合我们"说服听众发生行为改变"的核心目标。

比如，我们现在要做关于"商务演讲"的主题演讲，受众分别是课程顾问、团队管理者以及企业 HR。在这种情况下，演讲目标会发生什么变化呢？针对课程顾问，目标可能是：说服他们认同商务演讲的价值，未来愿意去销售这个课程。针对团队管理者，目标可能是：通过一天的学习，他们能够运用一份给定的表格，设计一个激励团队成员的演讲。针对企业 HR，目标可能变成了：在听完分享后，他们能够认同商务演讲对提升公司沟通效率的价值，愿意在企业内引进这个课程。

我们很容易发现，**主题虽然相同，但是由于受众不一样，我们演讲的目标和内容都会发生巨大的变化。**

然而在实际中，我们经常发现一套 PPT 吃遍天的现象。比如销售经理，用一套产品介绍 PPT，配合万年不变的开场词、介绍语、结尾语。你多听几次，会发现几乎每句话都是一样的，甚至连讲的笑话都无甚差别。今天和供应商谈用的是这套，明天和客户谈用的也是这套，后天培训新员工还是用这套。这种所谓的"万金油"看似"万能"，其实往往是哪一个需求都不能很好地满足。

在面对不同听众时，我们都需要归零，从头梳理目标，回答好两个核心问题。只有这样，商务演讲才能发挥最大的价值，产生最强的说服效果。

陷阱三：目标制订非常笼统。

在制订目标的时候，越是能够具体的，我们都希望可以具体。越是具体的目标，就越容易制订清晰的方案去达成（见表 3-1）。

表 3-1　笼统的目标与具体的目标

笼统	具体
让领导能够支持我的工作	领导能够新增一人给到我的部门
让小王提高在工作中的积极性	谈话结束后，小王能够主动加入A项目并承担角色
总监给我们部门批更多预算	总监将我们部门的预算增加120万元
让更多人愿意认识我，拓展我的人脉	结束演讲后，现场有50人主动添加我的微信

沟通专家罗布·肯德尔说："无论会议有多么欢乐、鼓舞人心，除非有清楚的对话，否则任何事情都不会得到发展。"制订目标也是如此，越是具体的目标越有希望去达成，而笼统、模糊的目标，会极大地降低大家去达成它的意愿和可能性。

我们都希望制订清晰的目标，运用灵活有效的方式说服对方心悦诚服地接受我们的观点。但在现实中，目标制订的三大陷阱却阻碍了很多人。因此，我们非常有必要绕开这三个陷阱：

陷阱一：将目标与演讲主题混为一谈。

陷阱二：用"万金油"的商务演讲应付所有场面。

陷阱三：目标制订非常笼统。

虽然有时制订目标需要花些时间，却是强化说服力最重要的一个环节，因此值得我们花上一些时间仔细思考。回答两个核心问题，再绕开三大陷阱，相信你一定可以制订一个理想的目标，最终成为发挥你的说服力的良好起点！

学员案例

我是文丽,是瑞言魔鬼讲师营的同学,也是中国百强上市公司的管理干部。我本人是很爱表达的人,但就是有时思维很发散,聊着聊着就忘了谈话目标,影响了沟通效率。尤其是转型做销售后,和客户、老板的沟通中,如果不在每次谈话前明确沟通目标,就会产生很大的影响。后来我学习了逻辑说服力课程,这对我的工作提供了很大的帮助。

最近因为工作推进方向的问题,我需要和我的老板做一次沟通。双子座的我遇上的是天秤座的老板,我们俩都是思维发散却又爱表达的人,所以在跟他沟通前我就用5P法则提前明确了谈话目标和大纲。

因为提前做足了准备,平时可能需要1个小时的谈话,那天居然只用了15分钟就搞定了。不仅沟通效率高,最终带来的结果也很好,公司只用了三天就批准了我的方案。当时我的成就感,简直比得上签了一个大额合同。

现在每一次商务场合的沟通,我都会提前梳理目标。与客户沟通中,当我发觉焦点开始发散时,也会适时地回归到谈话主线上。因为能够专注目标、准确传递价值,我的沟通效果越来越好了。

学员:王文丽

第四章

让观点更鲜明，重点更突出

直抒胸臆：
你被"有话不能直说"坑过多少次？

我们总是认为中国人普遍比较谦逊、委婉。同样的话，我们总是要花更多时间做铺垫、陈述、解释，而且最终还要保留一些内容不能点破，要让对方自己去领会。归根结底，我们讲究的是"不直说"和"言外之意"，而不愿意直接讲出观点。

什么是观点，按照维基百科的定义：A point is a subjective belief, and is the result of emotion or interpretation of facts。观点是一个主观的看法，是人们基于事实的一种主观解释。也就是说，观点并不是事实，而是人们对于事实的主观解释。因此，凡是观点都是主观的。**事实有真假，观点无对错。**

比如，本书作者之一张家瑞老师，每次约另一作者赵旋老师讨论，都会发现赵旋老师到达时满身是汗，衣服都湿透了，他还会说"今天太热了"。请问，他说的是事实，还是观点？

天气的冷热是自然现象，不以人的意志为转移，所以这应该是事实吧？

大错特错！"今天的气温超过30℃"这才是事实。但在这样的气温下有人觉得冷，有人觉得热，也有人觉得刚刚好，每个人都可以有不同的观点。基于"气温超过30℃"这个事实，每个人都可以解释和加工出不同的观点。

如果一位主管跟下属说"你的工作态度不认真"，这是这位主管的个人观点。如果这位主管讲述的是事实，那可能是："你这次报告出现了十几个错别字，而这份报告我们原本要提交给客户的。"

我们来做个练习，以下几点请你来判断一下，哪些是观点，哪些不是观点。

1. 选择越多越不快乐。

2. 商务演讲可以提升员工沟通能力，提升组织沟通效率。

3. 我要通过18分钟的演示，让老板同意我的晋升申请。

4. 上周我的销售工作非常有效。

5. 上周我新增了三个客户。

让我们一起来解析一下这些句子：

1. 是观点，有个人的价值判断在其中。

2. 是观点，这是表达者对商务演讲的一种判断。

3. 不是观点，这是演讲者的目标，目标并不等于观点。

4. 是观点，这是对你销售工作是否有效的一种判断。

5. 不是观点，"新增了三个客户"属于事实。

至此，相信我们都理解了什么是事实，什么是观点。还是那句话，事实有真假，观点无对错。但既然观点无对错，为什么我们不愿意直接表达观点呢？这其中有三种可能的原因。

第一，文化影响，我们缺少直接表达观点的氛围和环境。中西文化在表达观点方面本来就有差别，西方人普遍更加直接，而中国人习惯委婉表达。第一句一定不会说真正的目的，而是顾左右而言他，聊天气、聊身体、聊近况、聊事情的来龙去脉等，铺垫差不多了再表达真实意图。因为整体的大环境如此，那些直接表达的人反而显得另类，甚至有些不礼貌。

这种社会环境对人的影响是如此之深刻，就好像磁场一样，任何物体在磁场之中，都会受到磁场的影响。我们每个人在这样的环境中，同样也会接受婉转、曲折的表达才是"正确"的做法。如果你在工作中也有类似情况，其实也不必过于担心，因为这是受到文化影响而普遍存在的现象。

第二，惧怕冲突，害怕表达观点会引起别人不赞同。既然观点是主观的，那么一旦说出就必然有人赞同有人不赞同。我们中国人更加注重社交关系的和谐，特别是注重与上级主管的观点一致。为了避免说出口后与领导想的不一样，我们需要先说一些无关痛痒的话来试探、观察、猜测领导的想法后再说出来。其实，我们更期待领导先讲他们的观点，我们按照他们的想法去做就好，觉得这样更加安全。

其实这是一种非常被动的思维和工作方式。研究表明，积极主动的人在职场发展更快、成就更高。这也可以理解，一个人只有能领会领导的意图，但又能超越领导的盲区，才可以有创造力地交付更好的工作成果。在现代企业中，老板要的绝不是一个只会执行的机器，而是一个能发挥智慧和创意的知识工作者。能否表达你的独到观点，恰恰是体现价值的一种证明。即使提出观点没有被采纳，至少引发了有益的讨论，让参与者都能加深对这件事的理解。**被否定的观点，也好过没有观点。**

第三，提炼欠佳，缺少提炼观点的能力。我们的教育中，对于思考能力的训练相对比较充分，但对表达能力的训练不足。所以很多人虽然知道需要提炼观点，也愿意直接讲出观点，但却缺乏这样的能力。很多时候，他们认为自己讲的已经是观点了，但其实还需要进一步的澄清和提炼。这个原因其实反而是最好解决的，在我们的商务演讲培训课程中，90%以上的学员通过学习都可以很好地提炼出自己的观点，因为加工和提炼观点的技巧并不复杂，一旦学会并且配合相应的训练，就能很轻松地掌握，而一旦团队中的成员具备这个能力，尤其是中高层具备这项能力，会让企业中的沟通效率得到巨大提升。

在过去的几年中，我们培训了很多世界500强企业和其他企事业单位。很多公司沟通效率低，主要就是上面三个原因导致的。越靠前面的原因越是系统性的、深层次的，也就越难解决。如果组织中没有建立起直接表达观点的氛围和环境，如果大家没有建立需要直接表达观点的共识，即使做再多技能训练也不能解决问题。因此在企业中进行商务演讲课程培训时，我们都会建议高层管理者一起来参加。只有高层管理者先倡导直接表达观点的理念，并且践行这个倡议，员工才敢于追随。当然，作为下级，运用恰当的方法，也可以巧妙地向上管理和向上影响。

提炼观点：
两个方法帮你找到表达的"锚"

"您好，我是本次的应聘者，非常感谢您能给我这个面试的机会。我已经从事编程工作十几年了，在原来公司参加了很多大型项目，经验非常丰富。而且我在工作之余还学习了 Python 等语言，自己也考了项目管理的认证，我在新的工作岗位上也会快速学习、很快适应的。我一直都很关注贵公司，贵公司的文化和价值观非常吸引我，我觉得在这样的环境中我更能发挥自己的价值。"

看过上面这位面试者的陈述，你觉得他的观点是什么？他列举了很多证据，但从头到尾并没有明说自己的观点是什么。结合面试这个场景，如果让你帮他提炼一下，你觉得他的观点应该是什么？

1. 相关经验丰富。我已经从事编程工作十几年了，在原来公司参加了很多大型项目，经验非常丰富。

2. 我的学习能力强。而且我在工作之余还学习了 Python 等语言，也自己考了项目管理的认证，我在新的工作岗位上也会快速学习、很快适应的。

3. 我认同公司的文化与价值观。我一直都很关注贵公司，贵公司的文化和价值观非常吸引我，我觉得在这样的环境中我更能发挥自己的价值。

观点："我是理想的候选人，应当得到录用。"

从这个例子可以看出，这位候选人从头到尾没有明说自己的观点，也许他自己也并没有仔细想过自己的观点，但他所罗列的证据却是围绕着一个中心展开的。其实在没有学习逻辑说服之前，我们很多人也并不是茫然地堆砌证据，通常我们有一种"模糊的感觉"，虽然没有明说，但我们已经隐约形成了一个观点。

当然，如果我们一直让观点保持这种模糊的状态，就不能更好地聚焦。虽然凭借直觉我们的判断也可以达到六七成的准确率，但依然可能会混进一些不必要的内容，导致我们浪费时间，降低说服的效率。

提炼观点，就是将模糊的感觉具体化的过程。 通过这个过程，我们将观点明确地提炼出来，就能反过来运用这个观点检查我们的素材：

哪些对于我们说服听众起到不可替代的作用？

哪些内容在说服中是可有可无的？

哪些证据反而影响了我们说服听众？

还有哪些内容应当添加进来？

因此，提炼观点并不是说要将我们已经想好的内容推翻重来，反而应当先依靠我们的经验和直觉，从已有的素材中提炼出核心观点，再用理性的方式精确地校准。

从已有的素材中提炼核心观点有两种方法，分别是演绎法和归纳法。演绎法，通常代表我们的素材完成了一个分析的过程，最终导出明确的结论；而归纳法，就像本节开始的案例一样,是通过罗列一系列证据,共同证明一个结论。

提炼观点的过程,同时也为后续搭建表达结构奠定了基础。用演绎法提炼出的观点,后续表达时也可以沿用演绎法进行表达,归纳法也是如此。因此,演绎法和归纳法既是提炼观点的方法,也是表达的方法。运用这两种方法,可以帮你找到表达的"锚",当你在语言的大海中徜徉时,就会有一个稳定的点帮你稳住整条船。

演绎归纳:
让听众接受你的观点

演绎法,最简单的一种形式,是有一个大前提、一个小前提、一个结论。如果大前提和小前提都是真的,那么结论也是真的。演绎法是从普遍现象推出特殊事例的方法,也就是说**演绎法是从普遍性的事实或常识中,推导出观点的过程**。演绎法的推理过程如图 4-1 所示,先说大前提,然后说小前提,再得出自己的观点。

图 4-1　演绎法

比如：

1. 大前提：这条路只要下雨就会堵车。

2. 小前提：今天下雨了。

3. 观点：所以这条路今天肯定会堵车。

演绎法在实际中是如何应用的呢？首先看大前提。我们可以说一个大家普遍接受的共识，比如"提升沟通能力能够提高执行效率"。或者我们也可以引用权威人士或者机构的论述，比如"哈佛商学院研究发现，想要提高执行效率首先要提升沟通能力"。不管是哪种，本质上是希望让大前提接近"真理"的地位，因为大前提是观点成立的首要条件。

接着我们看小前提，通常我们可以讲述一个客观的事实，而且这个事实和前面的大前提中所提到的某个要素相符。比如"调研发现逻辑说服力课程可以有效提升沟通能力"，这个小前提中"提升沟通能力"可以和刚才上文的大前提中的"提升沟通能力"相符合。

最后，通过大前提和小前提的这个共同要素的连接，我们的结论就产生了："逻辑说服力课程可以提高执行效率"。

运用演绎法的好处就是循序渐进，让沟通对象顺着你的思路一步步进行推进。比如你打算说服老板更换一款企业级的无线路由器，运用演绎的方式可以这样表达：

我建议将现在的路由器更换成 H 公司的路由器。原来的路由器已经老化，经常掉线。而且我们用的是百兆设备，而市面上已经普及千兆双频的无线路由器了。一款稳定、高速的路由器可以提升大家的办公效率。我去搜索了一下，针对我们公司的人数和办公面积，这两款分别来自 H 公司和 T 公司的产品都可以满足需求，H 公司的路由器更贵一些，但在稳定性和速度方面好评率更高。考虑到路由器的寿命比较长，我建议换 H 公司的这款路由器，您看可以吗？

这段说服演讲，其实用的就是演绎法得出建议和观点的，你能找出大前提和小前提以及观点吗？我们一起来拆解一下：

1. 大前提（共识）：一款稳定、高速的路由器可以提升大家的办公效率。

2. 小前提（客观事实）：H 公司的路由器稳定性和速度更好。

3. 观点：我们应当将现在的路由器更换成 H 公司的路由器。

说完了演绎法，我们再一起来看看归纳法。

归纳法，就是依据经验或者知识，找出一系列事物的规律的方法（如图 4-2 所示）。比如我们发现同事小张第一天上班是准时来的，这不能说明什么问题。但如果我们连续一年看到小张每天都是准时上班，那我们可以总结出"小张每天都会准时上班"的规律，而且我们会根据这个预测"明天小张也大概率会准时上班"。

图 4-2　归纳法

我们来看一个案例：朱迪是通过校园招聘刚刚进入公司的一名新员工，你成了她的导师。朱迪入职三个月了，领导希望跟你了解朱迪的整体表现，以便决定她能不能如期转正。你是这么说的：

"朱迪每天都会在下班后，完成当天的学习任务才离开公司。有工作交给朱迪时，她从来都不会推脱，不过因为经验不足，她会花很多时间来完成任务。刚来的那个月也有几次没能准时交付，不过延后交付的情况在后面两个月没有再发生过。朱迪花了很多时间熟悉新的工作，还主动找到我请教问题，甚至还提出了一些改善建议。虽然她的建议不太成熟，但却是看得出朱迪都在积极地思考。虽然这段时间她的工作成果并不突出，但同事们普遍觉得朱迪非常有活力。刚进来时完成一份报告需要花上四五天，最近好像两天之内就能交上来了，而且完成的质量也比一开始要好。"

当你把这些内容讲完，跟朱迪有关的各种信息罗列了很多，但是作为领导却很难明显地了解朱迪的整体表现到底如何。也可能他根据这些零散的信息，得出与你不一样的观点。这两种情况下，都发生了无效沟通。那么根据这些零散的信息，可以归纳出朱迪的什么表现呢？

我们需要将关于朱迪的这些信息拆散，然后将相似的或同属一类的分在一起（见表4-1）。

你会发现，经过这样的归纳和梳理，你可以总结出朱迪的表现：她对待工作和学习非常积极主动，虽然经验较少、成果不突出，不过这三个月来有所进步。根据这三点归纳，你可以形成"朱迪可以如期转正，但还需进一步的指导"的观点。有了这样的归纳，你的领导更容易了解到朱迪的整体表现，也更容易接受你的建议。

表 4-1　归纳朱迪的表现

事实	朱迪每天都会在下班后，完成当天的学习任务才离开公司 有工作交给朱迪时，她从来都不会推脱 朱迪花了很多时间熟悉新的工作，还主动找到我请教问题，甚至还提出了一些改善建议 同事们普遍觉得朱迪非常有活力	因为经验不足，她会花很多时间来完成任务 刚来的那个月也有几次没能准时交付 她的建议不太成熟 这段时间工作成果并不突出	延后交付的情况在后面两个月没有再发生过 刚进来时完成一份报告需要花上四五天，最近好像两天之内就能交上来了，而且完成的质量也比一开始要好
一次归纳	朱迪对待工作和学习非常积极主动	朱迪的经验较少，成果不突出	朱迪这段时间以来有进步
二次归纳	朱迪可以如期转正，但还需进一步的指导		

在总结观点时，我们可以先凭感觉列出表达的素材，然后使用演绎法和归纳法形成观点，再根据观点来审视我们的素材是否需要增、删、补。这样一来一回两次校验，就会让我们的观点更聚焦、素材更精炼。

先讲观点：
打造高效说服力的一招制胜法

演讲者："在最近几年，越来越多人选择自由行的方式出游……"

听众：哦？他是想讲旅游相关的事情吗？

演讲者："在五年前，九成以上的游客会选择跟团出游，可是现在只有不到七成的游客选择跟团出游……"

听众：他可能是想讲旅行社的业务正在下降？

演讲者："那些选择自由行的旅客，一些人在当地会选择公共交通，也有相当比例的人选择租车……"

听众：哎？原来是想讲游客对交通方式的选择吗？

演讲者："因此，租车业务将会迎来更大的发展空间。"

听众：什么？原来想讲这个呀！

这个案例生动地展示了很多演讲者面临的窘境。假设演讲者第一句就说："今天我将向各位展示，全球的租车业务当会迎来更大的发展空间。"如果这样的话，情况会有什么不同？

也许你在很多地方已经听说过"结论先行"，的确，对于商务演讲而言，不要做过多的铺垫和论述，直接给出你的观点（结论）。因为对听众来说，核心观点是最重要的内容。结论先行有很多好处：引发听众的好奇，可以让听众在最开始听到最重要的内容,让听众更容易记忆和理解你的演讲,提高说服的效率……

而这些,都只要我们使用"先讲观点"这一招就够了。

结论后置:
四种情形打破"先讲观点"的固有思维

既然我们大家都知道先讲观点有诸多好处,那是不是所有情况下都需要先讲观点呢?其实未必,至少有四种情形应当慎重考虑是否需要先讲观点。

第一种情形,要公布的事情属于对方难以接受的坏消息。比如你是山姆的直接主管,今天你需要和山姆面谈,通知他即将降薪的消息。如果是先讲观点,你可能会这样说:

"山姆,公司决定给你每月降薪800元,主要有这三个理由:第一,大环境不景气,公司已经连续三个季度业绩下滑;第二,你个人的工作成果明显下降,已经连续多次业绩没有达标。第三,整个行业都在通过降薪让企业活下去。"

如果你是山姆会怎么想?我想你听到第一句就会产生"凭什么"的想法,以至于后面讲什么都听不进去了。整个表达结论先行、观点鲜明、逻辑清晰、论据充分,但却让人难以接受。因此,在公布坏消息时我们需要婉转一些,就可以使用"观点后置"的方式来进行：

山姆，今天找你来，是想跟你聊聊薪资调整的事。（明确主题）

你也知道，现在整体大环境不太好，公司已经连续三个季度业绩下滑了。（论据1）

而且相信你自己也清楚，你个人已经多次业绩不达标了。我注意到你其实最近加班很多，你的努力还是缩小了业绩差距。（论据2）

公司原本想通过裁员的方式渡过难关，但是考虑大家都是一路跟随公司发展过来的，公司不愿意放弃大家。因此公司放弃了裁员的方案，决定通过短期降薪的方式跟大家一起熬过去。（论据3）

所以，从下个月起，你的基本工资会降低800。其实我也降薪了，公司希望大家可以共克时艰，一起实现逆势增长。我会给你更多指导和支持，帮你提升业绩。我对你后续的进步有期待，也有信心。（结论）

虽然降薪不是让人愉快的事情，但观点后置的表达方式还是让人更容易接受。

第二种情形，听众缺乏相关背景知识。当听众对你的主题不熟悉时，先介绍相关的背景信息，然后再提出结论，会更利于听众支持你的观点。否则缺乏必要的背景信息，听众在一开始甚至无法判断你在说什么。

举个例子，你需要跟老板请求额外的预算，以便应对系统建设项目的延期。如果这个项目之前没有做过专项汇报，老板甚至都不了解这个项目本身，又何谈因为项目延期而批准额外的预算呢？这时，你首先要用几句话简要介绍项目的背景、目标以及延期的原因，然后才能提出需要额外预算的观点。

第三种情形，故意制造悬念。如果你的观点具有出人意料的效果，你想留在最后才说出来，那么你不必一开始就说出来。这里有一个我们辅导过的真实案例，因为这位学员用故事的方式串起了几个论据，如果观点先行就会破坏故事的悬念，因此故意采用了观点后置的方式。

"我经历过一次非常惨痛的失败。我们团队有 5 名接触这个行业超过十年的老手，奋战了三个多月拿出的方案却失败了。更让人震惊的是获胜的竞争团队中只有一个人，而且才入行不到五年。经过这次失败，我们获得了一个非常刻骨铭心的教训。接下来我想带你一起来回顾当时我们的几个关键失利点。

"……

"最后，我想和你们分享我前面所提到的那个刻骨铭心的教训：这个行业比拼的从来都不是资历、努力、运气，而是我们究竟有没有洞察到客户的真正需求。如果方向反了，越努力就离目的地越远。"

这个案例在实际分享时，获得了极高的评价，现场的听众都被这个演讲者深深地吸引。如果观点先行的话，是不可能获得这样的成功的。

第四种情形，观点具有明显的争议性。在这种情况下，你最好引领听众一点点地剖析，一步步地引出最终结论。否则若是一下子抛出有争议性的观点，听众可能会因为想要维护自己的立场，而拒绝听你的论据。反之，先不抛出观点，而是仿佛你与听众一样不知道结论如何，然后一起进行分析。这样在一开始，你和听众至少是站在同一个战线上的，不至于一开始就陷入对立。

我们辅导过一位演讲者，他演讲的主要观点是"读书要不求甚解"。但是在试讲时遇到了这样的现象：有的听众一听到主要观点后就皱眉，演讲结束时更是提出了很多质疑。究其原因，就是这个观点有一定的争议，很多听众乍一听之下很难接受，后续就会把焦点都放在找演讲者的逻辑漏洞上。一旦听众进入这种状态，无论你的演讲内容多么精彩，效果都会大打折扣。于是，我们建议他将观点后置，并对主要内容作了一些调整。

年初我兴致勃勃地定下了阅读100本书的计划，但大半年过去我才完成不到三分之一，于是从一开始的兴致勃勃变得无比焦虑。后来我请教一个朋友，他给我的印象一直都是博览群书、无所不知，我想学学他的经验。他问我的第一句话："你一般是怎么读书呢？"我说："就跟大多数人一样，一页一页翻着读。"他说："你工作这么忙，这样读当然会读不完啊。""我很惊讶，难道你不是这样读的吗？"

他拿着我的书单跟我说："你这上面有很大一部分都是畅销书，其实可以不用逐页阅读。首先，除少数经典书籍外，大部分畅销书主要内容并不多，往往是核心的几个观点加上大量案例。你甚至可以很快速地翻页，扫到哪里就看一眼，有个大概印象即可。其次，看书时不用追求全部理解，而是应该花时间多跟别人聊你在书中的发现，这往往能让你理解得更深刻。最后，同一领域的书会相互补充，也会有很多重复的内容，所以有些部分就可以快速扫过。"

在听了他的话之后，我后面也照着他的方法实践了一下，越来越明白这背后的用意。以往我太追求读书时仔细理解，其实汲取书中的精华，在生活中多结合自己的实际经历，多和别人讨论这些观点，才是学以致用的最佳做法。"读书要不求甚解"，反而会带来更大的收获。

他的演讲结束后，现场听众微微点头，并报以热烈的掌声。

总结来说，在工作中，绝大部分情况下我们都用"观点先行"的方法来提升说服效率，但也**有四种情况需要使用"结论后置"的方法**，这四种情况是：

第一种情形，要公布的事情属于对方难以接受的坏消息。

第二种情形，听众缺乏相关背景知识。

第三种情形，故意制造悬念。

第四种情形，观点具有明显的争议性。

不管是"观点先行"还是"观点后置"，关键是在正确的时机运用正确的方法。只要方法得当，就能让我们的表达更高效，让听众更容易接受我们的观点，从而提高我们的说服力。

学员案例

我在逻辑说服力课程上收获的知识点很多，尤其是瑞言基于演绎法独创的"客观真理成交法"，让我有一种醍醐灌顶的感觉。

过去在推荐我们的理财课程时，只是一味说课程有多好，卖出了多少份。这完全属于自嗨式销售，只突出我的课程好，和用户有什么关系呢？用户能得到什么呢？

而客观真理成交法的步骤是：第一，描述用户最关心的要素，即客观真理。例如我的理财课程，首先需要调研大家面对理财课程，最关心的问题是什么，从用户最真实的痛点出发，回答"理财课程最重要的是什么"的问题。第二，我的理财课程是如何符合这个客观标准的。针对用户关心的要素，逐个论证我的产品是如何符合这些要素的，让用户看到我给的就是你想要的，这样才能真正激发用户的兴趣和注意力。第三，进一步说明你为什么要选择我。我的差异化在哪里，强调能带给客户与众不同的收获等。按照客观真理成交法的步骤，我优化了理财课程介绍。

首先，我跟目标学员详细地进行了解，希望知道在学员眼中一个好的理财课程应该是什么样的。经过整理，最终发现主要是以下几点：

1. 老师具有丰富的理财经验。

2. 曾有过大量成功案例。

3. 学习轻松、价格合理,在时间和金钱上都具有高性价比。

于是,我的课程介绍就从大家的需求着手,首先给出了好的理财课程三大特点,接着逐条展开,介绍我们是如何满足这些特点的。第一说明了主讲老师的理财经验和目前的被动收入,第二给出了学员收入增长的数据和案例,第三计算了课程的时间和金钱投入情况。

就只是一个思维的转变,让我的介绍文案真正击中了听众的痛点。利用"客观真理成交法",完全站在用户的角度上说明产品价值,让我对于销售这件事不再迷茫和恐惧。使用这篇文案后,成交率提高了大约30%,我很激动!通过"客观真理成交法",我真的做到了"销售就是在实现客户的梦想",而客户也是发自内心认同,这就是"客观真理成交法"的魅力。

学员:李雅洁

第五章
用论据获得无可辩驳的说服力

提供论据：
赢得他人信任的秘密

如果你听到一个素未谋面的人讲下面这样一段话，足够让你愿意引入这门课程吗？

"我们的课程能有效促进管理者提升领导力，提高团队的绩效。"

对大多数人来说，至少是怀疑的，因为这段话未经证实。也许有的人还会不客气地说："我凭什么相信你？"

"我们的课程能有效促进管理者提升领导力，提高团队的绩效。

"我们公司的创始人邹博士，在领导力和团队效能领域已经深耕了二十几年，发表了多篇相关的专业论文。他也服务过多家世界500强企业，曾获得人力资源协会颁发的特别贡献奖。

"介绍我来这里的王总也曾是我们的客户。去年，王总的医疗器械业务发展势头不错，业务扩张也很快。不过也因为这样，他必须开始把一些事情交给下面的管理者做。但没想到几个管理者一直出问题，按下葫芦浮起瓢，让王总疲于奔命。后来王总在公司内引入了这套课程，本来他还没抱太大的希望。第一次课程结束刚一个月，王总在会议室经过，发现平常以苛刻著称的研发部主管老李，居然在会议上表扬了自己的团队。后来王总越来越多地发现，管理团队的行为发生了转变。半年后，随着一次次的课程，团队的变化越来越大。各部门的管理者变得更有担当，也更懂得如何凝聚和激励团队，整个公司的活力都被激发了。这也给业绩带来了好的结果，他们的销售业绩提升了67%！王总因此还发来了感谢的邮件。

"这样的案例并不是个例。在我们服务过的七十多家企业中，接受课程培训后，有83%的管理者表现出了更多的积极领导行为。在半年后，各类型的团队都有较大幅度的绩效提升，以医疗行业为例，平均业绩表现提升115%。

"我相信我们可以帮助贵公司摆脱现在的困境。"

与第一段话相比，第二段话给出了三个具体的论据。

权威背书：我们的创始人专业过硬，广受赞誉。

案例、故事：我们曾有过成功的案例。

数据、研究结果：我们的课程能够实际提升领导力和团队业绩。

有了这三个论据的加持，增强了观点的可信度，能够更有效地说服对方。由此可见，论据在说服中起到了不可替代的作用。

观点是对岸，你希望对方到那里；论据是船，你要用船才能送对方到对岸。具备严密、完整的论据，你才能有效说服对方接受你的观点。

有效论证：
用好五大论据提升说服力

论据多种多样，**所有能够增强你观点可信度的素材都可以当作论据**。不过，还是有一些类型的论据被广为使用，比其他类型的论据更常使用。

1. 数据

在说服中，真实有效的数据是非常好的论据，而且具有很强的可靠性。比如上一节提到的例子：

"在我们服务过的七十多家企业中，接受课程培训后，有 83% 的管理者表现出了更多的积极领导行为。在半年后，各类型的团队都有较大幅度的绩效提升，以医疗行业为例，平均业绩表现提升 115%。"

再比如，下面这个论据用来证明"新媒体运营发展前景广阔"的观点：

"根据领英的研究报告，2013 年到 2017 年间，新媒体运营的职位数量增长了 10.8 倍。"

当人们看到准确、可信的数据时，自然就相信这个数据所推导出的结论。如果数据结合图表使用，还可以让数据易于理解。使用数据，可以让你的观点拥有天然的说服力。

2. 事实、共识

事实和共识就是指大家普遍知道，并且认可的事情。如下这些都属于此类论据：

当采购量增加时，单位成本就会降低。

阅读可以扩大我们的知识面。

想要提升利润，一个是增加收入，一个是降低成本。

运用这些没有争议的论据，一旦可以推导出一个结论，这个结论也变得无可争议。比如，受到行业周期的影响，你的公司业绩受到较大冲击，不得不采取冻薪、减薪的措施，员工出现了抱怨的情绪。你就可以这样讲：

"这次行业周期对收入会有影响，而且是普遍现象。首先，很多企业会倒闭，大家身边就有这样的例子。其次，存活下来的企业也会想办法压缩成本、减少生产、裁减员工。第三，工作越来越难找，企业都会想着如何存活下来，不会增加新员工。第四，在全球经济下行的情况下，我们的整体收入都会降低，工资收入、奖金都会变少。"

这个例子中的论据，都是多数人普遍接受的规律或共识，一般不会存在太大的争议。运用这些争议较小的论据，能有效地支持观点，而且这些论据本身也通常较容易被听众理解。

3. 专家证言、名人名言

如果我问你：一名全国知名的企业创始人和一个普通的公司职员，谁对于中国经济的预测更可信？想必很多人会选择前者。其实，如果没有客观事实来佐证的话，他们的可信度应该是相同的。同样是没有事实依据的话，我们更愿意相信那些有声望、有权威的人，仿佛这些人天生就有一个"光环"一样。这种现象在心理学上就属于"光环效应"。这也是为什么网络上会出现大量的"鲁迅说""高尔基说"。

马云曾经说过,互联网技术正在从 IT(信息技术)时代过渡到 DT(数据技术)时代。

徐总在上个月的战略升级发布会上曾指出,我们需要建立一个学习型组织,让公司不断进化,成为 VUCA 时代的新物种。

正如上述两个例子,你可以将行业专家、意见领袖、商业领袖的话当作一种论据。如果你在公司内的话,也可以将创始人、高管的发言当作论据。这类论据可以充分运用"光环效应",让你的论述更具说服力。

4. 权威背书

你可以用过往受过的肯定,来增强一个人、一家公司、一个产品的可信度。一般可以考虑以下这些方面。

学术成就:高学位、名校毕业、发表论文、有版权课程、著书、译作等。

荣誉:获得知名认证、奖项,登上报纸杂志等。

专业经验:工作年限、服务过知名企业、有过相关的成功案例等。

第一节的例子,就运用了这些类型的论据:我们公司的创始人邹博士(学术成就),在领导力和团队效能领域已经深耕了二十几年(专业经验),发表了多篇相关的专业论文(学术成就)。他也服务过多家世界 500 强企业(专业经验),曾获得人力资源协会颁发的特别贡献奖(荣誉)。

这类论据既可以用在个人身上，也可以用来增强企业、产品等的说服力。

5. 案例、故事

案例和故事会增加论据的真实性，因此也具有很广泛的使用场景。有几种类型的案例或故事具有更强的说服力：

表达者本人的亲身经历。

听众身边熟悉的人的经历。

知名人士、知名企业的经历。

第一节中王总的案例，就属于听众也熟悉的人的经历。各位可以想象，你认识的人所经历的事情，是不是可信度非常高？当然，表达者自身经历也是很好的论据。关于"打工其实是借老板的平台在创业"这个观点，张家瑞老师就有亲身经历。他讲道：

"2013年我转型成销售，当时我主动申请把公司最难搞的客户交给我。其他人都不理解，但我心里是这么想的：如果我以后做公司，一定会遇到难搞的客户，如果那时候我应对不了，就错过了机会。既然这样，为什么不利用现在的平台练手呢？即使现在处理不好，其实自己也没什么损失。其他同事挺开心的，他们的客户好沟通，每个月能拿到不错的提成。我的客户都很难缠，还拿不到提成。我表面上不爽，内心却很爽，因为我知道我是在为未来铺路。

"一年后，我决定离职创业。那之后领导多次打电话让我回去，说那些客户别人搞不定。我很满足，因为从这段工作中，我已经得到了我想要的。一个人只要清楚自己的方向,你的每一天就不是在给别人打工,而是通过别人的平台提升自己。打工其实就是借老板的平台在创业。"

知名人士、知名企业的案例也类似,这类案例同样是因为"光环效应"具有说服力,可以成为很好的论据。

以上五类论据就是能够提升说服力的常见论据。要特别注意的是,在选取论据时,应当结合使用不同类型的论据,避免论据类型重复。

论据数量：
需要多少论据,才有最强说服力?

既然论据可以有效提升观点的说服力,那么越多的论据不就可以拥有越强的说服力了吗?事实真是如此吗?

认知心理学按照信息保存时间的长短,以及信息的编码、储存和加工方式的不同,把记忆分为感觉记忆、工作记忆和长时记忆(如图 5-1 所示)。

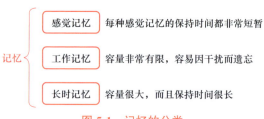

图 5-1　记忆的分类

感觉记忆就是你的眼睛、耳朵等接受的外界大量的刺激。比如此刻你正在阅读这本书，你的手指触摸书页时，你能感受到纸面在光滑中带着一些粗糙的颗粒感，你还能闻到专属于新书的油墨味。如果你在咖啡馆里，可能会听到优美的音乐声、细碎的说话声。如果你在家里，可能会听到空调的风声，窗外的汽车声。你会看到或明或暗的光线变化，如果你用的是台灯，昏黄的灯光还会唤起你温暖的感觉。

所有的感觉信号，其实都在无时无刻进入你的大脑。但在读到上面这段话之前，你似乎并没有注意到这些，这是为什么呢？

其实，虽然视觉、听觉、触觉、嗅觉、味觉都进入了感觉记忆，但大部分都会被过滤掉，没有经过大脑的加工和理解。只有很少的一部分会被处理，比如你在阅读这本书，你所看到的问题和图片，就会被处理。这些需要进一步处理的信息，就会从感觉记忆进入到工作记忆，记忆存储模型如图 5-2 所示。

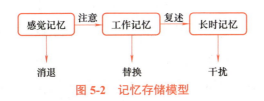

图 5-2　记忆存储模型

工作记忆会接收那些引起大脑注意的外界刺激。工作记忆有两大特点，首先，工作记忆停留的时间很短。工作记忆一般保持 5~20 秒，在无复述的情况下不超过 1 分钟就会忘记。比如你去餐馆吃饭时，你问服务员餐馆的 WiFi 密码是多少。服务员告诉你之后,你会用手机登录。但在你输入密码不到半分钟后,就会快速忘记这个密码。

其次,工作记忆的另一个特点是容量很有限。米勒(Miller)在 1956 年对工作记忆能力进行了定量研究,他发现了"神奇的数字 7±2"。按照他的发现,年轻人可以一次记住 7 个单位的信息,比如 7 个数字、7 个字母、7 个单词等,我们把这些单位称为"组块"。当然人与人之间的记忆广度还是有所不同,有的人多一些,有的人少一些,所以这个数字就是 7±2。不过科文(Cowan)在 2001 年发现,年轻人的工作记忆为 4 个组块。从这些研究可以发现,工作记忆的容量非常有限。

如果将工作记忆里的内容反复地复述,或者使用其他的记忆策略,可以让工作记忆的内容进入长时记忆。长时记忆可以保持得更久,最长的长时记忆可以保持终生。

在进行说服时,我们所提供的论据实际上是保存在听众的工作记忆中,而工作记忆容量有限。因此,并不是我们给的论据越多,听众听的越多,说服力就越强。这就好像喝水,我可以用饮水机的水龙头,也可以用消防栓。从表面上来看,消防栓的出水量远大于水龙头,应该可以喝到更多水。但实际上,消防栓的出水量大大超过了人能够接收的量,不仅喝不到多少水,多半还会被呛到。

在说服中提供论据也是如此,并不是越多论据越强,而是只给几个最关键的论据就好。根据工作记忆的容量特点,说服时的论据数量应保持在 2~4 个为宜,其中以 3 个为最佳。

心理学家也发现，3 个论据最具说服力。

否则你会发现，**每一个多余的论据，反而是在削弱你的说服力**。想要说服他人，论据少即是多。

表达结构：
用五大结构，把你的话刻进听众心里

在每次为了说服他人而进行表达时，我们可能会传递很多信息。一个最大的误会就是：自己讲什么听众就能接收什么。这就好像我们想给听众三种颜色分开的弹珠，于是我们一把一把地把弹珠撒给听众。我们先撒了一把红色弹珠，然后再撒一把蓝色弹珠，最后又撒了一把绿色弹珠。你猜听众得到了什么？满地都是各种颜色混在一起的弹珠！那怎么把颜色分开的弹珠给到听众呢？用三个袋子装起来就可以了。

这三个袋子，其实就是表达的结构。你需要用不同的袋子装着这些信息，提供给听众，别人才能接收到与你表达一致的信息。这样，你才能让别人更容易记住并理解你的观点，进而说服对方改变想法和行动。

为了增强说服力，常用五种表达结构：流程/时间结构、要素结构、二分结构、三何结构、模型结构。

1. 流程/时间结构

以事物的先后步骤、时间的先后顺序为结构。以下是常

见的流程 / 时间结构的范例：

过去、现在、未来。

开始、后来、最后。

首先、其次、最后。

前期准备、中期实施、后期跟进。

研发、试产、量产。

比如你负责策划公司的年终庆祝活动，就可以按照这样的结构表达你的方案：

前期准备：人员如何分工、时间如何计划、预算如何分配……

中期实施：现场流程、节目安排、领导讲话安排、场控表……

后期跟进：奖项发放、公众号文章、报销……

流程、时间结构适合表达这些信息：经历或故事、方案或计划。一般来说，经历或故事天然就适合按照时间先后顺序展开。而方案或计划，也是按照步骤的先后次序展开最为容易理解。

2. 要素结构

各个论据之间没有先后顺序的，但共同组成了一个整体。要素结构中，顺序的改变并不会影响最终观点，你可以按照重要性、习惯等方式，对各要素进行先后顺序的调整。以下是常见的要素结构的范例：

（地理位置）一线城市：北京、上海、广州、深圳。

（维度或特点）好产品的维度：质量、服务、价格。

（维度或特点）好课程的特点：内容有料、形式有趣、结果有用。

（实物结构）买电脑的考量点：屏幕、CPU、显卡。

比如张家瑞老师在2017年参加好讲师大赛的时候，他的课程是《SOS拯救你的工作》，用的就是要素结构中的"维度或特点"：

Step by Step，逐个处理。

Off-line Thinking，离线思考。

Sleep and Relax，充足睡眠。

这三点的首字母缩写构成了SOS，代表了提升工作效率的三个维度。

以下还列出了一些常用的要素结构分类，提供给读者使用。

金融相关：政府、银行、企业。

股票相关：政府、券商、股民。

治安相关：警察、罪犯、群众。

社会相关：文化、制度、经济。

企业形象相关：文化理念、视觉形象、具体行为。

职业发展相关：行业、企业、个人。

利益协调相关：个人、部门、公司。

产业发展相关：上游、中游、下游。

要素结构通常用在这些情况下：提供全面的建议或方案、整体性分析问题等。灵活运用这个结构，可以让表达全面，也更容易被听众记住和理解。

3. 二分结构

把信息分成最主要的两个类别,要么是进行对比,要么是为了涵盖得更全面。比如:国内 / 国外,自己 / 他人,成人 / 小孩,男 / 女,理性 / 感性,已婚 / 未婚。如下是一个例子:

中国在新冠疫情应对方面表现更好。首先看国内,不仅快速遏制了疫情,还率先复工复产,经济形势一片大好。再看国外,疫情的传播还在加剧,医疗系统不堪重负,防护装备捉襟见肘。两相对比,谁的表现更好显而易见。

二分结构可以用在这些情况下:销售使用场景广泛的产品、对比差异、一褒一贬、综合折中的观点等。

4. 三何结构

三何就是为何(Why)、是何(What)、如何(How),以下举两个例子来说明。

如何提升商务演讲能力?

(Why)商务演讲可以提升人的说服力,让职业发展更快更好。

(What)一个好的演讲应当目标清晰、条理分明、逻辑严密。

(How)设计一个好的商务演讲的五个步骤。

特别提示一点,根据具体情况,也可以调整为先说 What,然后是 Why,最后说 How。

怎样做个人理财?

(What)什么是理财?

（Why）为什么需要做好理财？

（How）做好理财有哪几个步骤？

三何结构通常用于以下场景：授课、讲解项目方案、销售产品或服务等。三何结构可以有效地解答听众所关心的一系列问题，因此具有很好的说服效果。

5. 模型结构

在特定的场景中，我们也可以使用前人提炼的成熟模型。以下列举了一些常见模型。

（企业）3C战略三角模型：公司（Corporation）、顾客（Customer）、竞手（Competition）。

（企业）PEST外部环境分析：政治（Political）、经济（Economic）、技术（Technological）、社会（Social）。

（团队）塔克曼团队发展模型：团队形成期（Forming）、发展动荡期（Storming）、组织规范期（Norming）、跨越变革期（Performing）、衰退期（Adjourning）。

（营销）4P营销理论：产品（Product）、价格（Price）、渠道（Place）、宣传（Promotion）。

（营销）4C营销理论：顾客（Customer）、成本（Cost）、便利（Convenience）、沟通（Communication）。

（产品）产品生命周期：导入期、成长期、成熟期、衰退期。

（品质）PDCA戴明循环：计划（Plan）、执行（Do）、检查（Check）、处理（Act）。

这些模型在特定场景下，具有广泛的共识度。这不仅让我们跟听众之间建立了一套共同的语言，同时也让我们思考问题更加全面，从而增强了我们观点的说服力。

灵活运用五大常见表达结构，让你的表达易懂、易记，让你说过的话深深地刻在听众心里。

高效表达：
在有限时间内说出重点的三个方法

我们有一位学员，在做一对一辅导时向我们的导师抱怨，她做汇报总是被上司打断，上司的"不耐烦"让她郁闷不已。再进一步分析她的情况后我们发现，她在表达时缺乏时间意识。具体表现是，明明一分钟也能讲清楚的事情，她总是会扯上八九分钟。而且在这个过程中她总是会将相同的意思重复几次，甚至还有些内容和正题没什么关系。

也许有的读者也遇到过类似的"不耐烦"的上司，我们真的要为你的上司说句公道话：**不是他们不耐烦，而是你没说到重点。**

有人总是误解，觉得自己多讲一些，说服别人的机会就更大一些。但事实上，没人喜欢冗长的演讲，有些时候越是讲得多，对方越是不想听。而且表达者需要站在对方的立场来思考，大家的时间很宝贵，不可能有时间听你从"很久很久以前"开始讲起。

事实上，在实际的工作和生活中，我们的表达时间也是被限定了的。如果可以的话，应当用较短的时间、简单易懂的方式，来让对方理解并接受你的观点，进而影响他们做些什么。**有时，你说得越多，别人听进去得越少。**

在企业内，尤其是作为一名知识工作者，你的时间就是企业的生产资料。一个人表达不高效，至少是浪费两个人的时间。如果是会议的话，这会造成所有与会者浪费时间。职场人士每天有80%的时间都在进行各种沟通，这里面浪费的时间累积起来，将是非常严重的损失。级别越高的人的时间越宝贵，他们越是希望听取简单的汇报。他们期望下属可以简要说明重点，以便于他们快速决策。

如何快速说明重点？有一个最简单的方法，就是强迫自己在很短的时间内说完要说的话。一旦时间是一种稀缺的资源，我们就会开始做更有效率的分配，而不是花在说那些无关紧要的内容上。提高时间意识，可以有三种有效的方法。

第一，我们需要测算自己的语速，也就是说自己一分钟能说多少个字。如果你对自己一分钟能说多少字没概念，那么你对自己讲了多少内容就没有概念。每个人的语速都有所差异，但个人的语速在大多数情况下非常稳定。多数人的语速是180~220个字，所以我建议你一分钟就按照200个字准备。

比如你要是讲5分钟，那么你在准备稿子时大概就是1000字左右。如果你写了1500，那就想办法精炼语言，把不必要的内容删除。对大部分人来说，把自己已经写好的内容丢弃掉是一件痛苦的事情，但其实**说服力的提升就是从学**

会放弃不必要的内容开始的。

在企业内部的大多数场景下，你的陈述时间一般不会多于 3 分钟，即使有些情况下也不会超过 5 分钟。如果是专题汇报可能有 15 分钟，但如果你要汇报的内容并不多，那也没有必要拖时间。与其不必要地拖长汇报，还不如多留点时间做更有价值的答疑和交流。

第二，给自己的每一次演讲表达限定时间。我们可以养成这样的习惯：不管任何时候任何场合，只要别人让你讲话，就问"我有几分钟发言时间"，并按照限定的时间组织自己的语言。通过这种限时表达的训练，你可以提高"信息提纯"的能力。

"信息提纯"是指让你的表达包含更丰富的信息，但并不增加表达的时间。这种能力可以被细分成三种子能力，分别是"提炼关键词""取舍和选择"以及"组织词语和句子"的能力。

提炼关键词：既然时间有限，那就应当有意识地提炼关键词，方便听众的记忆。

取舍和选择：从大量想讲的内容中选择出必须要讲的内容，舍弃掉无关的内容。

组织词语和句子：用易懂的词汇、句式进行表达，而且最好能够快速组织语言进行表达。

尤其是我们与高层管理者沟通时，更要高效利用时间。一般来说，公司的高管非常繁忙，很难给你很长的时间来展示一个提案的全部内容。你需要在极短的时间内，将提案的主要诉求和收益讲清楚，这样对方才能高效做出决策。

在极短的时间内做高效表达的必要性，是一件有着广泛共识的事情。比如很多人都听说过麦肯锡的"30秒电梯演讲"，提出应当在乘坐电梯的30秒内就要能够将你要说的内容表达清楚。美国广告领域的研究发现，人的注意力广度只有30秒，如果30秒内没有新的刺激给到观众，你将失去他们的注意力。

如果我们在工作中，真的遇上一个30秒的机会提建议，应当怎样高效运用呢？在这里介绍一个简单的方法，两句话就可以搞定：

我想表达的观点是什么？

我需要你做什么？

比如，请你来推荐这本书，可以怎样用30秒来表达呢？

这次活动获得前几名成绩的同事，我们可以送这本提升说服力的书做奖品。这本书不仅获得了我们李总的推荐，而且也与这次"提升工作效率"的活动主题非常匹配，费用也在预算范围内。您看这样安排怎么样？

第三，为你的表达做两手准备，分别是完整版本和简短版本。在职场中我们进行说服时，往往可以提前安排固定的会议时间。但即使在这种情况下，我们也推荐你准备两个不同的版本，分别是充分运用会议时间的完整版本，以及一个只说明要点的简短版本。

也许你的简短版本不会用上，那么要恭喜你可以按照原来的计划进行说服。但如果发生一些突发的状况，导致你不得不缩短时间的话,这个简短版本将帮你重新掌握主动权。在一开始这无疑会增加你的准备时间,但用得多了你就锻炼出了相应的能力,久而久之这就成为你的下意识习惯,你就能随机应变,最大化发挥你的说服力。

总结一下我们的三种提高时间意识的方法:**测算语速、限定时间、两手准备**。灵活运用这三招,可以让我们在有限的时间内做高效的表达。这不仅不会降低你的说服力,反而能够让你的语言精练,让你的观点更容易被理解和接受,从而大幅度提高你的说服效率。

学员案例

一、过去的我

在学习课程之前,我感觉自己就像一个葫芦,瓶身很大,瓶口很小。这几年我学习过很多课程,感觉脑子里有丰富的内容,但是在需要的时候却零星、混乱地浮现,东一榔头西一棒槌的。具体的表现是说话很快,但给人感觉啰唆、缺乏条理,做分享的时候经常超时。

二、学习课程的收获

在课程中我找到了突破方法。第一,整理思路,通过抓关键词、建立框架和图画的方式,让自己思路更清晰。第二,利他思维,从关注自己要讲什么转移到关注听众想听什么,放下自己对知识的执念,更多去感受听众,与听众共情。第三,刻意练习,卸下偶像包袱、接纳自己，一次次上台分享，一点一点取得进步。

学习课程之后我感觉自己像一个可控的水龙头，连接了长长的管道，收放自如。因为我不仅有充实的储备，更懂得了取舍与聚焦。

三、我的实践与突破

有一次在公司的年会上，我作为优秀学员代表将有三分钟演讲的机会。主办方的老师特意反复提醒我把控时间，因为她知道我很容易收不住，超时是家常便饭。但我暗暗下了决心，这次一定要突破。于是，我就找到了瑞言的梦想导师梓怡，请她用5P法则帮助我梳理思路。在梳理思路后，我的心里更有底了，整个演讲符合我心中想要的感觉——简单又走心。

当我信心满满地走上台，脑子里面好像有一张地图，带着我自由地穿梭。我感觉就好像带着大家走进了这张地图：有主干道，也有街边的美景，情感丰富又不偏离主道，收放自如、控时准确。最终，演讲得到了大家的认可和赞赏，结束后有很多新朋友加了我的微信，有几位朋友主动跟我分享他们受到的触动和鼓励。这就是通过专业的指导和刻意练习收获的突破与成长。

现在的我，通过不断的刻意练习与实践，能够越来越得心应手地整理课程框架，在很多社群里的分享也有更好的呈现！

学员：江琼

第六章

克服紧张恐惧，自信完美表达

了解紧张：
想要克服紧张，要先弄懂紧张从何而来

在一对一表达时，我们往往都能做得游刃有余。但如果面对很多人进行表达，你会感觉紧张吗？

几天后你有个重要汇报，你是否感觉焦虑，甚至逃避不想讲？

当你面对大家讲话时，是否大脑一片空白，明明准备得很充分，可一瞬间仿佛得了"失忆症"？

你在演讲过程中，是否感觉到自己双腿在抖、声音在颤、手心出汗、呼吸急促，甚至有点讲不出话来？

如果你有以上一个或多个现象，那么很可能你在面对多人表达时是紧张的。本章我们将专门聚焦这个问题，也就是面对多人表达时，如何缓解紧张、自信表达。

说起紧张，在这件事情上你并不孤单，绝大部分人都跟你一样。不信去问问身边的朋友，他们在面对很多人讲话时会有什么表现？也许他们会告诉你：心跳加速、语速变快、面红发热、语无伦次、双手冰冷、双腿发抖、呼吸急促、情绪激动……

概括而言，演讲紧张的表现有三大类（见表 6-1）。

假设，现在有这么一颗胶囊，你只要轻轻地服下去，以上紧张的表现都会立刻消失，你想不想服下这颗胶囊？

表 6-1　紧张的表现

生理和行为的表现	语言和思维的表现	情绪和情感的表现
心跳加速，面红耳赤 声音颤抖 轻微的眩晕感 胃肠不适，有时感到恶心 呼吸急促 四肢颤抖或僵硬	演讲者突然忘词 言语不断重复某个词、句子等 语无伦次、磕磕绊绊 语言断续，不断说"呃""啊""这个""那个"等	恐惧，身体不受自己的控制 感觉自己一无是处 讨厌自己 感觉很尴尬 极度焦虑 发言之后产生耻辱感

我们问过很多人，绝大多数人都会立刻说：当然服用了！不过也有一些人非常警惕，他们会问：有副作用吗？这种谨慎是必要的，因为这颗胶囊的确有副作用。第一个副作用，紧张是我们诸多情绪的一种，并非独立存在，而是与其他的情绪互相依存、紧密联系在一起。因此，这种胶囊无法只消除紧张，它会一并消除其他情绪。现在，你还要服下这颗胶囊吗？

也许你会说，那也没什么大不了，我只要理性就够了，感受不到情绪也没什么影响。那么我一定要告诉你这颗胶囊的第二个副作用，服用者应该活不了太久。比如一位服用者过马路刚好走到中间，不远处一辆红色跑车以 180 公里/小时的速度向他飞驰而来。他听着强劲的发动机轰鸣，看着越来越近的跑车，心中不喜不悲，既不害怕也不紧张。于是，只听"嘭"的一声，他过完了一生。

没有服用过胶囊的人是什么反应呢？肯定会下意识地躲避。之所以躲避，是因为有恐惧，害怕被车撞到。有恐惧，就会做出保护自己的动作。这和害怕演讲其实是一个道理，紧张的种种表现，都是因为害怕而做出的一种自我保护。

说起演讲时，我们到底在害怕什么？其实，我们的害怕有三个层次。

第一个层次，害怕演讲不成功。比如当一个人面对众人进行表达时会担心："要是我没讲好多丢人啊，领导会怎么看我，同事会怎么看我……算了，我还是不讲了。"这背后的根源是，人们往往害怕自己成为一个失败者，或者被别人视作失败者。这时，人们怕的是暴露弱点，怕的是损害了自己精心维护的形象，害怕因为演讲失利而被认为不够强大。

第二个层次，害怕后果无法承担。比如你的老板指派你代表公司进行投标，并且为这个重要客户进行现场讲标。这是公司今年的一个至关重要的客户，前期已经进行了大量的准备工作。你接到任务后赶紧和老板说，还是让王经理去吧，他的经验更丰富一些。你放弃这样一个难得的机会，不是因为你不敢讲，而是你怕没有讲好就失去这个重要客户了。这时，你怕的不是表达，而是怕表达不好带来的后果。

第三个层次，害怕的是害怕本身。很多人一提到演讲就立马害怕起来，你问他怕什么也说不上来，但就是害怕。他们在理性上很清楚，站在众人面前其实不会怎么样。听众可能之前并不认识，以后也不会有什么交集，讲砸了也可能没有什么特别可怕的影响。但理性如此，感性上却还是止不住地害怕。这就是典型的，害怕的是害怕本身。

很多人因为这三个层次的害怕，而表现出程度不同的紧张。但他们都有一个共同点，就是他们自己认为自己的紧张程度，往往比别人看到的紧张程度要强烈。而且，克服紧张的难度，也比很多人自己认为的要容易得多。换句话说，**我们很容易高估自己的紧张程度，也容易高估克服紧张恐惧的难度。**

我们有一个学员叫小杨，她是被朋友"怂恿"来学习的。她的朋友发现，她是一个非常贴心、乐于帮助朋友的人。但只要是面对多人讲话，她就会尽量逃避，有时不得不讲，也是话在嘴边打转但讲不出来。朋友推荐她来学习我们的课程，小杨只问了一个问题："我可以只听课不上台吗？"她的朋友说："可以。"于是她就来了。

但是正式上课还不到1个小时，她就发现"上当了"。说好的不上台，怎么一来就要上台做1分钟自我介绍。快要轮到她时，小杨又使出了常用的"逃避法"，干脆离开教室躲到了门外。等大家讲完，她偷偷回到座位，但没想到老师说："现在，让我们请最后一位学员小杨上台。"同学们响起热烈的掌声，她表情非常吃惊，呆呆地看着大家。知道自己躲不过去了，只好不情愿地一步一步挪到讲台中央，拿起话筒断断续续地说："我……我叫……杨……杨娟……很……很开心……很开心见到……大家……谢谢。"伴随着学员们的掌声，她如释重负地回到了座位，完成了这只有一句话的自我介绍。

在一个月后，小杨在40人面前完成一次6分钟的产品营销演讲，又过了两个月，在一次盛典上，小杨面对350名听众，精彩地完成了一个6分钟的演讲。面对这种蜕变，她身边很多朋友都难以相信。小杨并不是个例,很多学员在一开始都不敢上台讲话,但经过一段时间的正确训练,他们都能够精彩地进行表达,并开始享受其中的乐趣。

即便是案例中这么严重的演讲恐惧,只要掌握正确的方法,也能够缓解紧张、自信表达。虽然世界上并没有消除紧张的神奇胶囊,但我们却已经有了有效的缓解紧张的方法,接下来就让我们一起开启缓解紧张的探索之旅吧。

剖析紧张:
造成紧张的两大深层因素

我们在进行演讲辅导时,曾对学员做过调查,大多数人都对演讲有恐惧心理,而原因大体上可以分成几类:

1. 怕丢脸,怕演讲失败影响形象。
2. 完美主义,不容许犯错,而只要不讲就不会错。
3. 没准备好,或认为自己没准备好,但其实他们永远都不会准备好。
4. 没学过,没经验,我们害怕做那些没做过的事。

很多人都是因为这些原因而不敢表达,但即使知道了这些原因,去尝试缓解紧张还是没什么效果。因为这些只是紧张的表面原因,**如果没有挖掘出深层次因素,做着治标不本的事情,是无法有效缓解紧张的。**想要从根本上缓解紧张,你需要从生理和心理两个方面去剖析紧张。

首先，我们一起认识一下紧张的生理因素。想必你一定有要好的朋友，你与朋友私下聊天会紧张而不敢讲话吗？多半是不会的。但如果让你站在大家面前讲话，你就开始心跳加速、逻辑混乱，甚至是大脑一片空白。为什么同样是表达，后一种就会造成我们的紧张呢？其实这种现象再正常不过，应该说每一个正常人都会有这种现象，这是我们长期进化留下来的一种机制。

在我们的大脑里存在一种神奇的组织，叫作"杏仁核"。我们可以把杏仁核看作是身体的"警卫员"，它会一直保持警惕，关注身边是否有危险发生，并且通知身体应对危险。这种能力是在长期的进化中得来的，在远古时期，人们面对危险的方法也很简单：打得过就打，打不过就跑。虽然已经发展到了现代，但人类依然保留了这个机制。一旦遇到危险，杏仁核就会通知身体的各个部门：打得过就打，打不过就跑。

这时在你的身体里发生了一系列的变化。首先，你的身体开始分泌肾上腺素，这能够短时间提高你的运动能力，以便贯彻"打得过就打，打不过就跑"的方针。你的呼吸更加急促，以便获取更多氧气；心跳加快，以便能量迅速送到身体各处；血液会离开大脑流向四肢，以便双手和双脚获得更多养分。然而，这就造成了你呼吸急促、心跳加快，并且也会造成大脑额叶供血不足。

大脑额叶，与人的短时记忆有紧密的联系，决定了人在进行智力活动时表现如何。如果大脑额叶供血不足，就仿佛短时间内"智商降低",更容易出现"大脑空白""断片"的情况。这也是为什么紧张会造成忘词的现象。

这就是紧张的生理因素。但是,杏仁核之所以作发出了"假警报",把并不危险的情况当成了危险,其实也跟心理因素有关。

当你公开表达时,是不是觉得所有人都在看着你?

当你公开表达时,是不是觉得此刻你是会场的焦点?

当你在公开表达中犯错时,是不是会尴尬、懊恼,恨不得找个地缝钻进去?

这些想法都影响了你对情况的判断,会让杏仁核更容易将这些情况判定为"危险"。其实,这也是一种普遍的现象,几乎每个人都会产生类似的心理活动,这在心理学上称为"焦点效应"。

焦点效应(Spotlight Effect),是指高估了别人对自己的关注。美国心理学家劳森对焦点效应进行了研究。他让大学生们穿上前面印有"美国之鹰"的运动衫去见同学。约40%的人确信同学会记住自己衣服上的字,但事实上只有10%的人会记住。甚至,如果这些人中途出去换衣服再回来,他们的同学都不会注意到。**我们很在意给别人留下了什么印象,但事实上别人并不会给予我们如此多的关注。**

当我们站在讲台上讲话时,你会心跳加速、手脚发麻,然后你可能会以为听众非常容易发现你的紧张。但如果你真的问听众,很多人都会说"我还真没看出你紧张"。这并不是客套话,而是一种叫作"透明度错觉"的心理学现象。

透明度错觉，指的是我们以为自己的情绪和状态非常容易被别人发现，但实际上并非如此。本书作者之一的赵旋老师曾做过魔术师，在早期进行魔术表演时，一旦表演中出现失误，他都会非常懊恼。但他跟观众交流后神奇地发现，观众从头到尾都没有发现这个失误。在登台表演经验越来越多后，赵旋老师发现：**只要你不拿自己的小失误当回事，观众也不会。**

我们曾经为一个学员做过一对一辅导。他是一家知名房地产集团的区域总经理，经常需要代表公司发言，同事和家人都说他讲得不好，却又说不清楚哪里不好，这让他非常苦恼。

他的基础的确比较一般，语音语调和断句存在问题，不能很好地传递意思和情绪。经过两次辅导后，他对下一次发言的内容精雕细琢，而且做了充分预演。在我们看来，他的变化非常明显，预演时感情充沛，镇定自若。

下一次见面是在演讲之后，没想到他表情非常沉重地说："表现得不好，非常不好。我紧张得要死，一开始就说错了词，结果后面越来越差。"

为了帮他分析原因，我们要来了提前要求他录制的现场视频。观看视频时我们非常意外，因为他的演讲非常精彩，是当天所有领导发言中最好的。我们问他有没有看过视频，他说因为表现太差了，一直都不好意思看。于是我们邀请他一起观看视频，特别要求他要把自己当成听众来看。看完以后他也震惊了，因为从听众的角度，他也没有发现自己当时犯错和紧张。

紧张是每个人生来就有的，但很多时候你以为的紧张，其实听众并没有发现。你之所以变得更紧张，完全是"焦点效应"和"透明度错觉"在作祟，而引起了"杏仁核"发出了假警报。有些问题，当你知道它的时候，就不再是问题了。相信通过对紧张发生的因素进行剖析后，你能够更加正确地看待紧张，从而有效缓解紧张。

缓解紧张：
对症下药，缓解紧张的九种武器

在深入剖析了紧张的深层次因素后，我们就更容易对症下药，针对这两个因素去缓解紧张。针对紧张的生理因素，我们有五种技巧层面的武器可以使用。

武器一，熟悉现场。杏仁核会倾向于将熟悉的事物与安全联系在一起，而将陌生的事物与危险联系在一起。大家还记得高考时，老师一定会要求我们提前熟悉考场，其实也是一样的道理。如果你可以安排场地的话，那就安排在你使用过的场地。如果是别人安排的场地，那么你可以前一天就去熟悉，在现场进行练习。即使没有这样的条件，至少你可以提前一点到达现场，在讲台上走走感受一下。

武器二，放松肌肉。当你紧张时，血液流向四肢，通过放松肌肉，可以让你血液循环流回大脑，进而缓解紧张感。

快要到你讲话时，就先站起来，双手紧紧握拳，双脚牢牢抓地，然后慢慢舒展开来放松。再抓紧，再放松，循环4~5次即可。这种方式会调整你的血液循环和身体状态，从而降低上台后的紧张。

武器三，找面善者。我们的大脑对看起来友好的人会放松警惕。很多演讲者在公众讲话时不敢看别人，要么看房顶要么看地面。有些书还教大家看别人的头顶或者耳朵。其实眼神的交流，是你和听众建立连接的重要方式，也是你调动听众注意力的手段。正确的方式应该是找那些看起来友善的人，那些不管你说什么都微笑、点头的人。在面对这些人时，你的大脑会认为这些人是"自己人"，因此杏仁核就不会"报警"。

武器四，腹式呼吸。情绪是相互抑制的，当你难过时，开心的情绪就会被抑制，反过来也是一样。有研究表明，人在难过时，微笑的表情会有效地缓解悲伤情绪。即使这时你并不是真的开心，而仅仅让身体接近开心的状态，也能缓解悲伤。腹式呼吸就是同样的原理，通过调动放松的身体状态，来抑制紧张情绪。不过要特别注意，如果没有专门练习过腹式呼吸，也可以不使用这个方法。在实践中我们发现，学员如果习惯胸式呼吸，做深呼吸时反而容易造成一种"过呼吸"的现象，引起手脚发麻。因此，你可以找会的人学习腹式呼吸，练习熟练后再来使用这个方法。

武器五，视觉想象。我们大脑在想象看到某种事物时，与实际看到某种事物的活跃区域是几乎相同的。对大脑来说，想象与现实是几乎一样的。听恐怖故事时你会脑补各种画面和细节，甚至会因此吓自己一跳，就是类似的原理。所以，除了去熟悉现场环境，也可以在想象中做这件事。在讲话的前一天晚上，你可以想象第二天演讲的场景，想象台下坐着哪些人，想象他们的表情、状态。这些都将有助于你的大脑熟悉环境，从而提高杏仁核的安全感。

这五种武器可以缓解你的紧张，不过除了这五种技巧层面的武器，我们还有四种心态层面的武器，可以让你针对紧张的心理因素来做应对。

武器六，降低期待。我们越是拿自己当回事，就越不允许自己出错，就越想要塑造好的形象。而这种心态，会造成我们更害怕犯错，从而加剧紧张。事实上，对你来说某一次讲话可能非常重要，但对听的人来说，只不过是一天经历的很多事情中的一件。除了你本人以外，绝大多数人会忘记你讲话的大部分内容。知道了这一点，你就更可以降低过高的期待，塑造放松的心态。

武器七，焦点转移。我们越是关注自己，就会纠结于"我现在表现如何"这类问题。而一旦我们将焦点从"我表现如何"转移到"我能给听众带来什么价值"上，就会开始思考不同的问题。"听众想要听到什么内容？""这对听众意味着什么？""我用什么案例可以让听众更容易理解？"当你关注自己时，你是在向听众索取注意力；但当你关注听众时，你是在为听众带来价值。"付出"显然比"索取"更让你心安理得，也更容易让你放松下来。

武器八，避免道歉。在演讲中，也许我们忘词了，这时我们不需要说"对不起我忘词了"。事实上听众根本就不知道你原来的词是什么，反而你的道歉会提示听众去注意这个错误，从而削弱你表达的说服力。还有的演讲者，为了表达自己的谦虚，会特别说"不好意思我这次准备得比较仓促"。其实这也将提醒听众去更加注意你的表达中不那么完善的地方，这也会削弱你的说服力。不管是忘词、准备仓促、PPT错误、翻页笔异常，你都不需要因此而道歉。你只需要继续回到演讲中，通过你的表达给听众带来价值。

武器九，积极暗示。有一种心理学现象，叫作"自我实现预言"。美国社会学家罗伯特·默顿（Robert K.Merton）发现，人做一件事之前会产生先入为主的判断，无论判断本身是否正确，都会对人的行为产生影响，导致这个先入为主的判断最后真的实现。在美国大选中，候选人支持率的民意调查结果，反过来也会影响最终选举的结果，这就是"自我实现预言"的一个实际应用。因此在做一件事情之前，如果你坚信自己会成功，这会影响你做出更多利于成功的行为，从而促进你成功。因此，使用积极的心理暗示，可以有效地提升自信。这里列出一些可以用的话语，来帮助你进行积极心理暗示。

我是一个很有潜力的演讲者。

我今天的演讲内容对听众是有价值的。

我可以抓住每一次机会，提升自己的表达能力。

适当的紧张，可以让我的演讲效果更好。

使用以上这九种武器,你便可以很好地缓解紧张,让你的表达更加自信。不过虽然紧张可以缓解,但不能完全消除。实际上,适当的紧张不仅天生就会存在,而且也对表达有好处。**适度的紧张,可以让你的语言和肢体更加有张力,让你的情绪更具有感染力,从而让你的呈现效果更好。**

建立自信:
让你内心更强大的四步循环法

我们很容易就能理解,自信的人更容易克服紧张情绪,进行精彩而自然的表达。在面对不利形势时,自信的人也更容易正面看待挫折,从失败中得到成长的经验。

自信,其实就是对自己能力的信任。自信的人相信以自己的能力和努力,可以创造价值,做到自己想要做到的事情。实际上很多负面情绪都与缺乏自信息息相关。比如紧张和恐惧,都属于"怕"的范畴,只是程度不同。我们害怕在特定情况下会受到某种伤害,不管是身体上的还是精神上的。"怕"其实源于我们认为自己的能力,可能无法处理这种情况。如果你是个游泳高手,你就不怕跳进水池里;但如果你不会游泳,进入水里你就会紧张,甚至害怕。这源于你判断之后,不相信自己的能力足以应对挑战。

既然自信是相信自己的能力,那么提升自信心,其实就可以从两个角度进行。一个是"相信",一个是"能力"。想要全面地提升自信，我们可以使用四步循环法来进行（如图 6-1 所示）。

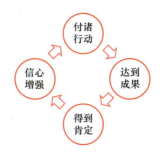

图 6-1　增强信心的四步循环法

当我们做出一定的成果时，如果不能获得外部的肯定，那么无疑会让我们对自己更加怀疑，而不是更加相信。所以，很重要的一点就是找到环境，在这个环境中有人会更愿意欣赏和肯定自己。

如果能够得到肯定，人们会更加相信自己。而这又促进人们不再畏首畏尾，愿意更多地付诸行动。越多地付诸行动，就能从实践中获得更多成长，从而让能力得到提升。当拥有更高的能力，做出更好的成果时，环境又会进一步肯定你。这样，"相信"和"能力"螺旋上升的循环就建立起来了。

我们有一个学员叫娜娜，一开始的时候，她既不敢表达，也没有想过学表达。但因为比较信任我们，所以来到了我们的课堂，本意是支持我们。

第一次上课时，她甚至不敢站在台上。于是讲师在课堂上就不断鼓励她，还私下和她的小组助教老师沟通，在课程学习过程中也不断推动她。这一切只有一个目的，就是让她产生想要"试一试"的念头。

终于，经过一个上午的铺垫，她鼓起勇气站上了讲台。虽然大家都能感受到她非常紧张，因为她连声音都是抖的。第一次上台表现其实并不理想，但对她来说是一个重大的突破。在她讲完后，所有人给了她热烈的掌声，讲师也给了肯定和赞扬。这对她来说，无疑可以增强对自己的相信。（这其实是课程的一个有意的设计，目的就是在课程中增强学员的自信，从而促进他们更多地实践。）

这天之后的课程中，我们不断地推动和鼓励她，再结合其他缓解紧张的技巧和方法，促使她越来越积极地上台讲话，甚至后来她都是主动举手要求上台。虽然这次课程只有两天，但她很明显地感受到自己的变化。

娜娜后来不仅坚持练习表达和演讲，而且还加入了我们的魔鬼讲师营（训练及培养讲师的学习项目）。她现在已经走在了职业培训师的道路上，而这一切，都源于找到了能够获得肯定和支持的环境，从而促进了自信增强的循环。

四步循环法是一种有效建立自信的方式，不过也需要注意一点，就是接受挑战时要循序渐进、逐级暴露。如果野心太大、挑战过高，反而会因为完成得不好，而打击自信心。

我们有一位学员叫胡敏，她是一位非常成功的企业家。在给她做辅导时，她特别提到自己非常不自信，甚至都不愿意和员工开会。跟客户洽谈时，基本都是一对一交流。

早在 5 年前，她曾经参加过一个演讲课程，在那里老师给她抽了一个题目，要求她在 100 人面前演讲。当时她站在台上，实在不知道自己该说些什么，就很尴尬地站在那里看着大家。虽然也有别的同学安慰了她，但这件事情给她造成了很深的心理阴影，让她在这 5 年里都非常害怕和抵触公众表达。

因为这件事，她来我们的课堂上时是有所怀疑的。我们给她的第一个挑战，并不是随机抽取一个题目，而是"自我介绍"这种不管怎样都能说上两句的主题。而且我们没有要求她在 100 人面前演讲，而是先和小组内的其他学员互相自我介绍。接下来我们再让她在班级 30 人面前做 2 分钟的自我介绍，在每一部分结束时上台讲这部分的感想。通过这种循序渐进的方式，课程结束时她已经上台讲话五六次了，逐渐建立起了自信。

后来经过了三个月左右的系统学习，她变得非常自信，不仅跟公司员工开会的时候条理清晰，而且在出席一些企业家活动的时候，也都能够淡定从容地即兴演讲。很多朋友都对她说，感觉她变了一个人。

自信的培养是有迹可循的，而且并不困难。首先你需要寻找环境，在这个环境中得到肯定。接下来你还需要创造机会，让自己不断面对难度适合的挑战。提升自信，不仅可以让人在表达时更从容，也能在生活和工作中带来一系列积极的影响。期待每一位，都能运用四步循环法，成为一个自信的人。

学员案例

我曾是一家车行的老板。每当公司需要开会，就是我最头疼的时候。我害怕在很多人面前讲话，即使听的人都是我的员工。讲话时一紧张，明明心里有数，但表达出来就是没有重点，团队成员还是没法清楚地理解。面对长期以来的这种情况，我特别希望能够改变自己。

2018年参加了一次瑞言能量盛典，当时学员们上台自信地表达吸引了我。是什么让他们都这么出彩？带着好奇我走进了瑞言的课堂。

在刚开始的时候我是不敢上台讲的，因为担心自己讲不好丢人、出丑。但是，老师和助教都不断地鼓励我。他们反复说：是因为讲得不好才需要上台，先完成再完美，接纳自己才能获得成长。同时，其他同学每次上台都能获得老师的点评和反馈，有很大的收获。于是，我终于也鼓足勇气走上了讲台。尽管结束时我觉得自己讲得很一般，但是收获了同学们热烈的掌声，这极大地鼓舞了我。于是，我第二次、第三次地走上台……

这开启了我的人生转折点，从这里开始，我逐渐登上了更大的舞台。逻辑说服力不仅克服了我上台讲话的恐惧，而且也给我带来了丰厚的成果。有一次我用了十分钟的演讲，就在现场达成了几百万的成交，这是我从来没想过的。

曾经不敢上台的我，现在经常被邀请去做分享，听众从上百人到上千人；曾经的我最怕拿起话筒，现在却越来越爱上舞台，越来越能自信地表达；曾经我认为自己就是这样很难改变了，现在却充满自信，喜欢上不断挑战自己的感觉。

我现在相信，自信能让一个人焕发更大的活力，开启人生新的可能。

学员：胡敏

第七章
5P 法则的实践案例

用 5P 法则推动项目进展：
好讲师大赛项目

冰冰老师是瑞言能量学苑的金牌讲师和导师，主讲职业素养和 TTT 课程。2019 年她成功地从一名企业 HR 高管转型成为自由讲师。转型伊始，她就以亲和的风格和专业的能力赢得了市场的认可，获得了良好口碑。要说是什么样的机遇助力她转型成功，那就是被誉为培训界奥斯卡的"我是好讲师"大赛。自 2013 年开始，该赛事每年举办一届，众多的职业讲师因该赛事获益，开启了商讲之路。

冰冰老师参加的是 2019 年好讲师大赛，她在几万名参赛选手中脱颖而出，取得全国 30 强的好成绩。2020 年她又多了一个新的身份，那就是好讲师大赛深圳赛区瑞言分赛区的负责人。

2020 年因为疫情的影响，深圳赛区赛事的启动时间比以往稍晚了一些。冰冰老师临危受命，担起了分赛区筹备以及选手招募的重任。尤其是选手招募，特别考验冰冰老师的逻辑说服力。每次冰冰老师和潜在参赛选手进行电话沟通时，她都会尝试用 5P 法则来梳理内容，进行有逻辑的表达，说服他们报名参赛。

冰冰老师清楚地记得，那天她拨通了一个电话，电话那头是有些犹豫，但其实非常需要别人推一把的杨荔老师。为了让杨荔老师不再犹豫,冰冰老师在拨通电话之前就已经运用 5P 法则进行了梳理(如图 7-1 所示)。

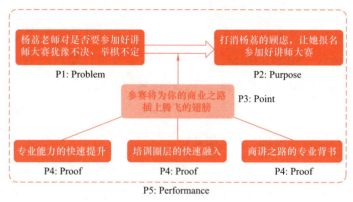

图 7-1　5P 法则的应用 1

"杨荔老师,我觉得好讲师大赛对你真的是一次绝无仅有的机会,会给你的商业讲师之路插上腾飞的翅膀。

"首先,参加好讲师大赛,能让你的专业能力快速提升。

"比赛会促进你更认真地学习如何打造一堂有趣、有料、有用的课程。要知道,虽然比赛中讲课时间只有十分钟,但是"麻雀虽小,五脏俱全"。比赛既包括课程设计与开发的知识,如何定主题、定目标、定内容、搭建逻辑结构、设计教学活动等,还包括演绎技巧,如何出场、拿麦、控制气息、站位等。好讲师大赛是一次综合实力的比拼,会推动你在短时间内迅速地学习。也许你从来没有像这次大赛一样,集中如此多的精力和时间去死磕一件事情,去学习一个培训师应当掌握的所有专业知识。这一切都是因为你有参赛的动力,每次比赛的时间都在提醒着你要全情投入,不能有任何松懈。

"第二，参加好讲师大赛，能促进你在培训圈的快速融入。

"我刚才说了，好讲师大赛被誉为培训界的奥斯卡，今年已经是第八年了。在这些年里，好讲师大赛已经奠定了在行业中的影响力，它汇聚国内培训界的各路大咖。有各公司的高管、HRD、HRM，也有企业大学校长、培训总监，还有咨询机构负责人，也有商业讲师等。比如我就通过参加好讲师大赛，认识了我的师父王鹏程，他是 2019 年好讲师大赛的导师团团长，再比如我也是通过这个比赛认识的大赛冠军张家瑞老师。你会发现，通过这个比赛，你能结识很多你以前想都不敢想的大咖。同时，你也将认识很多与你一道参赛的伙伴，收获友谊，他们很多都是从事培训工作的。总之，通过好讲师大赛，你能够快速融入培训圈。

"第三，参加好讲师，能够获得商讲之路的专业背书。

"参加这个比赛的讲师，或多或少都有为自己的职业发展和转型赢得背书的想法。比如瑞言能量学苑的田爽老师，参赛前她是一名礼仪讲师，在 2019 年好讲师大赛中获得全国十二强的成绩后，很多机构都向她抛出了橄榄枝。后来她在自己的努力下，成了瑞言能量学苑的金牌讲师，除了讲授版权课以外，还担任魔鬼讲师营的导师。在今年的好讲师大赛中，她也会将经验毫无保留地教给大家。这个赛事的确有这样的作用，往年就有在赛场上表现出色的选手，现场就获得了一位企业负责人的青睐，直接就发出了录取通知。我自己也是通过参加好讲师比赛，成功地完成了从职场人到自由讲师的转换，现在主讲职场幸福课和 TTT 的课程，还参与了很多训练营的辅导工作。如果你参加比赛取得成绩,奇妙的事情会一件接着一件,你的世界和天地会一下子变大很多,你会做成很多你以前不敢想的事,会见很多以前没见过的风景。"

冰冰老师的努力没有白费,她成功地说服了杨荔老师参赛。而杨荔老师也不负众望,以深圳赛区亚军的成绩挺进了全国赛,并最终取得了全国十强的好成绩。杨荔老师目前也从瑞言的魔鬼讲师营的学员变成了瑞言的签约讲师,也因此收获了更多的机会。

用 5P 法则突出品牌优势
品见办公设计

深圳市品见办公空间设计有限公司,由青年设计师代表黄杰雄创立。自 2010 年创业以来,一直致力于创建真实、自在、温暖的空间。品见办公设计在办公空间设计领域持续被专注,赢得了众多品牌客户的认同,包括谷歌、中国银行、TCL、阳光保险、三诺等。在这些案例中,品见设计创建了一个又一个能真正促进人与人的连接、进而激活个体与团队创造力的工作空间,在业界赢得了扎实的口碑。

当我们第一次见到黄总时,从他聊起设计时眼里的光芒,就能感受到他对设计的沉醉式的热爱。听完他的介绍,我们问了一个问题:如果品见办公设计有一个独特优势,可以与其他设计公司区分开,用一句话概括,这个优势会是什么呢?

黄总说:"我给你描述一下我们所追求的设计理念,然后我们一起提炼下。很多设计师在设计的时候很在乎空间、设计感、好不好看,但是不太在乎空间里的人。空间的本质是为人所用,有设计感、漂亮本身没有错,但是不能因为漂亮,失去了对'为人所用'本质的终极关注。

"企业办公空间,一般设计都能满足展示企业形象,日常组织工作、学习、会议等目的。而我们的目标是:让空间成就人。通过空间的组织、多样化的工作方式,让个体的工作高效有序,让交流与沟通便捷有支持,真正促进团队的沟通与高频的连接,让空间能点燃创造力。"

听到这里,我们提取到了关键词,于是就问:"品见的核心设计理念是'用空间点燃创造力',对吗?"黄总兴奋地说:"对,这就是品见设计持续专注与不断探索,愈发坚定的价值焦点。"

有了核心的价值主张,接下来就是通过论据去支持。我们提问:具体来说,品见所设计的空间,从哪几方面点燃了创造力?

黄总说道:"为了实现品见设计的价值焦点——用空间点燃创造力,我们在一个又一个的项目里不断地进行探索与尝试。在满足企业办公的功能需求下,我们尝试加大空间的多样性,例如推广员工桌的升降系统,让单一坐姿工作有了坐立随需变化的选择。我们让小会议空间的空间表情更加轻松化、户外化,这有利于促进创造性交流。同时我们也深入研究智能化在办公空间的运用,通过空间与人有机、有趣地交互，支持组织运作的秩序感，促进场景的便捷切换，借助工作流畅度的改善，来实现组织创造力的提升。

"这些探索本质上是在用空间促进人与自己、人与人之间的有效连接，让能力得以释放。同时，通过室内户外化，将绿色植物的创造性引入室内，建立人与自然的连接，让人的潜意识的创造力也能得到激发。"

经过一系列的探讨，黄总最终梳理出了以下三个方面：

1. 通过空间建立促进人与人、人与自然的真正连接来点燃创造力。

2. 营造多样性的工作形态来点燃创造力。

3. 通过智能办公环境与人的有机愉悦交互来点燃创造力。

至此，品牌优势的整个说服框架已经建立（如图7-2所示）。

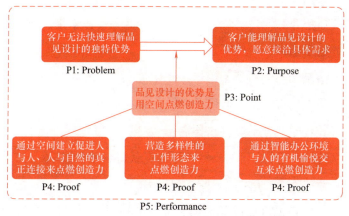

图 7-2　5P 法则的应用 2

用 5P 法则梳理产品亮点：
开普山红酒

开普山葡萄酒庄园创建于 1868 年，位于大西洋与印度洋交汇处，与世界著名的好望角处于同一地区。这里有世界上最独特的地理位置，享有高品质葡萄产区"最佳地理位置"的盛誉。

开普山红酒的王云江总经理也有苦恼，不过也可以称得上是幸福的苦恼。那就是每当给别人讲述开普山红酒的亮点的时候，不是不知道讲什么，而是有太多的东西可讲，比如：

开普山酒庄位于南非产区，地理位置独特。

创建于 1868 年，至今已经超 153 年，历史悠久。

口感细腻，柔顺易饮，单宁平衡，果香十足，香气浓郁，层次感强，口感特别。

潘基文品尝后赞不绝口，还亲笔签名。

每一支都有南非政府的防伪，正品保证。

相比于其他品牌性价比高。

G100 国际葡萄酒及烈酒评选赛获得金奖。

全国有 80 余家代理商，规模大。

公司被 IWEC 国际葡萄酒教育中心评为授权教学点，值得信任。

我们在了解这种情况后，首先确定了一个中心思想，那就是在讲述产品亮点时，要基于目标受众去选择应当说明的要点。在与王总谈话后我们发现，红酒有三类客户群体，有自己买来喝的，有买来送礼的，还有红酒加盟商。三类客户群体的诉求不同，那么应当说明的亮点当然也不一样。

比如对自饮客户来说，相对更在意的是红酒的口味、产地和性价比，说服框架如图 7-3 所示。

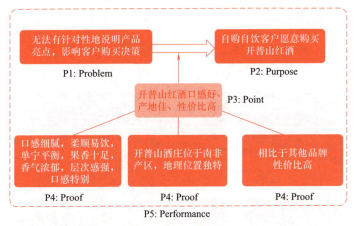

图 7-3　5P 法则的应用 3

对送礼的客户，他们希望送礼有面子，那么就可以强调历史悠久、名人背书、国际荣誉，说服框架如图 7-4 所示。

对加盟商来说，他们重视的是利润、服务等，说服框架如图 7-5 所示。

当然具体到某一个人或某一家供应商，需求又会有所差异。但是经过这样的梳理，就能够对于如何说服对方更加清晰。针对不同的人选择不同的亮点来介绍，才能实现说服受众的目标。

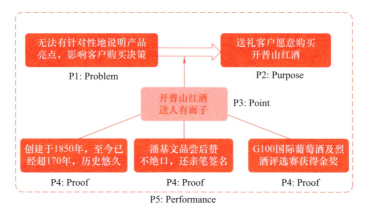

图 7-4　5P 法则的应用 4

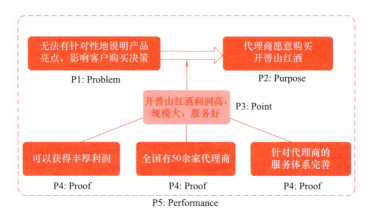

图 7-5　5P 法则的应用 5

用 5P 法则增强产品价值：
蜜季蜂蜜

陈烽富曾做过十年摄影记者，有一次在秦岭采访，看到一对老夫妇用最古老的圆木桶养蜂，采的蜂蜜非常纯正，这是他与蜂蜜结缘的开始。后来陈总在 2014 年创立了蜜季，他想要把秦岭原生态的蜂蜜带出大山。

蜜季的蜂蜜质量很高，但是因为产量、工艺等原因，价格比一般的蜂蜜要高出不少。虽然购买过的客户口碑不错，但陈总在每次介绍时都需要解释为什么产品价格比较高。

我们在与陈总沟通中意识到，与其单纯强调我们的蜂蜜有多好，多么值得这个价格，倒不如把各种蜂蜜的优缺点都介绍给客户，让客户自己得出结论。

在与陈总进一步沟通后，我们也了解到目前市面上常见的蜂蜜有两种，分别是超市常见的"水蜜"和朋友圈代购的"农家蜜"。水蜜的缺点是缺少蜂蜜应有的营养，而农家蜜因为生产过程中标准不清、品控不严，经常会有重金属超标或农药污染的问题。而蜜季的蜂蜜则有效地避免了以上这些缺点。

于是，我们据此搭建了产品介绍的说服框架，如图 7-6 所示。

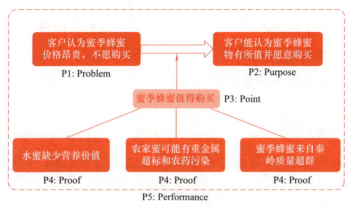

图 7-6　5P 法则的应用 6

经过后续对内容的进一步梳理,最终形成了一个 7 分钟的演讲稿。

解"蜜"

大家好,我叫陈烽富,蜜季的创始人。我跟蜜蜂的结缘刚才大家已经看过视频了,今天我就跟大家解密蜂蜜市场的现状。

首先,我想先问大家三个问题。第一,糖尿病的病人能吃蜂蜜吗?第二,你家的蜂蜜放久了会变酸吗?第三,你愿意花 500 块买一瓶蜂蜜吗?大家先不要着急回答,相信几分钟之后大家就会有自己的答案。

首先我想给大家带来一些干货,介绍一下市面上常见的蜂蜜。其实现在市面上常见的就只有两类蜂蜜,一类就是大家经常在超市看到的蜂蜜,另外一类就是你在朋友圈里看到的农家蜜。相信大家都见过,甚至是买过。

那么,超市里卖的蜂蜜是怎么来的呢?大部分超市的蜂蜜都是人工养殖的,因为各地花期的限制,3~7 天就得收割了。这个时候的蜂蜜是不成熟的,含水量高达 40% 以上,业内称为"水蜜"。

有时会遇到这样的情况,比如说深圳的花谢了,要把蜜蜂拉到山东去。在出发之前为了防止蜂巢脱落受损,就需要提前将巢里的蜜清掉,那在路上的几天时间蜜蜂吃什么呢?就吃白糖。而且蜜蜂在路上那个封闭的空间里很容易生病,所以还会加一些抗生素。

这样的蜜蜂产出的蜂蜜到了工厂，工厂还需要先进行浓缩、脱色，再根据大家的口味加入香精、果糖等添加剂。最终，这就变成了超市常见的槐花蜜、荔枝蜜等。这种蜜也有优势，就是生产过程符合国家食品安全要求；但缺点就是喝起来跟糖水没有什么区别，基本没有蜂蜜的营养价值。

第二种就是我们大家熟知的农家蜜。农家蜜跟超市的蜜相比，有什么优势呢？至少农家蜜是真的蜜，所以具有蜂蜜应有的营养价值。不过，生产农家蜜的蜜蜂，是放养在人居的环境里面。大家也知道，有人居住的地方就会有污染，可能就会有重金属超标。而且现在的农作物都会喷洒农药，蜜蜂采到这样的花蜜回来就有农药残留。

另外，大家买了农家蜜回来，如果不放冰箱是不是会变酸？在这里一定要告诉大家，蜂蜜有酸味就已经变质了，就不能吃了。其实好的蜂蜜具有抗菌作用，是不会变质的。而农家蜜之所以会变质，是因为农家蜜大多没有完全成熟就采蜜了。

相信这些知识大家很少能了解到，其实作为行业内的人，我也是用了6年才真正摸清了这个行业的潜规则。综合下来，好的蜂蜜应当具备这些特点：首先应当是真蜜，其次是蜜蜂应当在远离人居环境的地方，最后蜂蜜应该完全成熟才采下来。

蜜季的蜂蜜来自世界三大蜜源地之一的秦岭原始森林里。我们的基地怎么去呢？从西安出发，开三四个小时的车到了山跟前，还要再徒步四五个小时才能到达位于秦岭四大保护区的基地。根据国家统计，秦岭拥有 1119 种名贵中药材，我们的蜜蜂就是采了这些野生中药的精华酿出来的蜜。我们的蜜会等到完全自然成熟，而且一年只采一次。我们遵从大自然的法则，采蜜的时候会留下一半给蜜蜂过冬食用。

大家看我手上的这瓶蜂蜜，需要 1000 只中华蜂终其一生，飞行绕地球两圈的距离，采集两百多万朵花，才能浓缩这一瓶。而且，每一瓶蜂蜜都经过 20 多项的检测，才会送到大家手上。

相信听到这里，开头的三个问题你已经有了自己的答案。作为天然蜂蜜的传播者，感恩大自然的馈赠，我们的使命是保护中华小蜜蜂，用心做好真蜂蜜，我们的愿景是让 5000 个家庭喝上蜜季的真蜂蜜。最后祝愿大家：喝上真蜂蜜，幸福生活甜甜蜜蜜！

用 5P 法则梳理个人品牌：
邓皓服饰总经理谢均宜

在工作中，我们经常要跟别人介绍我们是做什么的、有怎样的经历。通过介绍，我们想让别人知道我们是怎样的人，这也是强化个人品牌的过程。

在与邓皓服饰二代传承人谢均宜沟通的过程中，我们发现她是一个很有内涵、很有故事的人。谢均宜有着优雅知性的气质，但同时也不失有趣。她把妈妈邓皓创立的品牌升级，将传统针织艺术融入现代设计。她追求极致的匠心精神，要把邓皓品牌打造成时尚高端的国际品牌。

这么多标签，怎样才能让别人听完就记住，还能具备良好的传播性呢？通过我们的梳理，了解了谢均宜希望传达"她是一个热情、坚毅的二代传承人"的主张，同时她最希望让人记住的三个标签是专注、坚毅和传承，说服框架如图 7-7 所示。

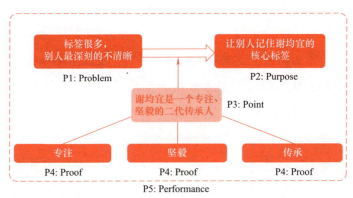

图 7-7　5P 法则的应用 7

1. 专注

对事业专注，这是谢均宜给别人的第一印象。每逢新品研发或时装周走秀前夕，她都把所有精力倾注在产品上，带着研发团队通宵达旦、废寝忘食。不断地设计、试验、打样，再反地修改，就是为了让产品完美呈现在世人面前。

平时在工作中，她也用自己的专注与热情感染着身边的每一个人，时常会因为一个好点子而兴奋得睡不着觉，抓住一个人就充满激情地把新想法告诉对方。

2. 坚毅

在英国留学期间，为了考取全球排名第一的时尚设计艺术殿堂——伦敦圣马丁艺术设计学院，她在考前的一年时间，付不出了非同寻常的努力。她住在地下室，经常忘了吃饭，饿了就啃一个面包喝几口水，还因此患上了胃病。她每天晚上画画到早晨四五点才上床睡觉，七八点又背着大画板挤公交去学校。好几次上课时手还在画，但累得眼睛已经闭上了。在别人放假回国的时候，她只身一人前去法国拜师，封闭训练了半个多月。谢均宜甚至连剪头发的时间都没有，留了一年的长头发。最终凭借这股坚毅，她在当年八百多人中脱颖而出。最终两名考取伦敦圣马丁艺术设计学院的人中，谢均宜就是其中一位。

谢均宜在回国接班的过程中遇到许多挫折和挑战，但她从未放弃。一路走来攻克了许多难关，有笑有泪。每次出现困难时，她都用微笑去面对，用强大的意志力去征服。

3. 传承

留学期间，谢均宜深刻地认识到，中国人理应在国际舞台获得更多的尊重。她深感受到中国传统文化的伟大，意识到母亲创作的产品需要发扬光大。毕业后，她毅然放弃国外知名大牌公司的录取通知，回国接手母亲的事业。这一对母女设计师的组合在业界也被传为佳话。

母亲在工作中的热忱，在产品研发中的专注，在工艺设计上的创新,在企业管理中的魄力,共同构成了邓皓28年来强大的文化基因。身为女儿,她带着使命回国,不仅要传承这份坚持,也要将针织技艺和文化理念发扬光大。

通过这样的梳理,在每一次的自我介绍,凸显个人品牌的时候都可以运用这样的逻辑框架展开。

用5P法则梳理培训要点:
中正齿科培训体系

深圳中正齿科,百年牙科、四代传承。创始人杜睿明医生毕业于中山医科大学,30年口腔临床工作经验,帮助过近8万名患者。中正齿科一直秉承以人为本,口碑至上的服务理念。多年来获得大众的信任和良好的口碑。

随着牙科诊所的迅速扩增,市场的竞争越来越大,很多牙科诊所采取了商业优先的模式维持生存。但牙科门诊本就是医疗性质,以医疗质量为基础才有可能走得更稳、更远,因此中正齿科特别重视服务。其联合创始人之一的岳蕾在公司的主要工作,就是培训内部员工如何做好服务,人们亲切地称呼她为岳蕾老师。

岳蕾老师是瑞言"魔鬼讲师营"(专门培养内训师和商业讲师的训练营)三期的学员。当我们深入了解以后,发现岳蕾老师有着非常充实的培训内容,也有着丰富的经验。我们节选了她的培训课程体系大纲的一部分。

牙科服务体系培训大纲

第一章　客服体系的必要性

　一、前台客服的重要性

　　1. 前台客服的工作职责

　　2. 前台客服的工作流程

　　3. 不同客户的服务工作场景

　二、客户服务的过程

　三、前台客服具备的特质

第二章　如何做好客服服务体系

　一、接诊七步法

　二、预约管理四步法

　三、回访跟踪五步法

　四、客户管理六步法

　　岳蕾老师最大的困扰，就是想讲和能讲的内容太多了，但员工并不能在一次培训课堂上记住那么多内容。

　　结合企业内训的场景，我们建议岳蕾老师采用少量多次的培训方式，每次课程聚焦一个主题，在一个较短的时间内解决员工最迫切的问题。每次课程的知识点需要提炼和精简，需要控制在 3~4 个以内。此外，每次课程需要配套小测试，以确保培训目标的达成。

　　岳蕾老师使用 5P 法则梳理了每次课程的内容，以其中一节课《前台客服的工作职责》为例，其 5P 梳理结果如图 7-8 所示。

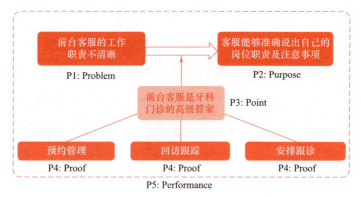

图 7-8　5P 法则的应用 8

经过这样的梳理，每次课程更加聚焦，而且能够保证学习效果，极大地促进了员工的能力提升。

用 5P 法则规划工作汇报：
某科技公司项目方案

小张在消费电子行业工作了六、七年，她所在的公司生产新颖的电子产品，不仅在国内销售，也通过亚马逊等电商平台销往北美、拉丁美洲、欧洲等地区。

最近，公司生产的一款便携投影仪出现了问题。在一个非常特殊的情况下，投影仪会出现画面颠倒的状况。公司因此遭遇了大量的客诉，客服人员疲于应对，也对公司的品牌产生了严重影响。因为小张隶属于产品部门，在公司颇受器重，所以这个任务交到了小张手里。不过客诉已经非常严重，公司名誉受到了严重损害，小张的上级对这件事比较审慎，小张的汇报连续三天都没能获得通过。

我们了解小张的汇报大致内容后，发现她的方案只考虑了如何解决后续生产该产品不再出现异常，但没有考虑已销售的产品如何永久地帮客户解决问题，因此我们建议她就这块补充一些内容。另外，我们也建议她多想几种方案，并且对比预算情况，让主管更容易看到本方案的成本优势。

小张回去后找到研发人员一起讨论，确认了已销售产品的解决方法，并且写成了标准作业指导程序，以便让客服人员可以快速掌握。最终她按照我们提供的思路整理了汇报内容，重新撰写了报告，逻辑框架如图 7-9 所示。

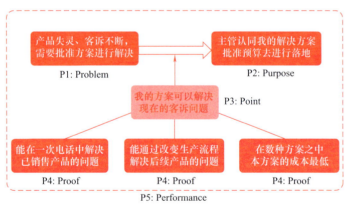

图 7-9　5P 法则的应用 8

小张的汇报大获成功，主管听取汇报后大为赞赏，对于小张的工作能力也表达了溢美之词。这次汇报通过的方案，也帮助公司快速解决了问题，挽回了损失。小张也通过此次汇报获得了公司的认可。

参考文献

[1] 柯维. 高效能人士的七个习惯[M]. 高新勇, 王亦兵, 译. 北京: 中国青年出版社, 2015.

[2] 亚里士多德. 修辞学[M]. 罗念生, 译. 上海: 上海人民出版社, 2006.

[3] 安德森. 演讲的力量[M]. 蒋贤萍, 译. 北京: 中信出版社, 2016.

[4] 杜瓦特. 演说: 用幻灯片说服全世界[M]. 汪庭详, 译. 北京: 电子工业出版社, 2012.

[5] 肯德尔. 对话的禁区: 21个你必须避开的沟通风暴[M]. 冯沐辰, 译. 北京: 机械工业出版社, 2017.

[6] 拉塞尔. 麦肯锡方法[M]. 张薇薇, 译. 北京: 机械工业出版社, 2010.

[7] 安德森. 认知心理学及其启示[M]. 秦裕林, 等译. 北京: 人民邮电出版社, 2012.

[8] 迈尔斯. 社会心理学[M]. 侯玉波, 等译. 北京: 人民邮电出版社, 2014.

[9] 冯卫东. 升级定位 [M]. 北京：机械工业出版社，2020.

[10] 德克森. 认知设计 [M]. 赵雨儿，简驾，译. 北京：机械工业出版社，2016.

[11] 高斯，温伯格. 你的灯亮着吗？发现问题的真正所在 [M]. 俞月圆，译. 北京：人民邮电出版社，2014.

[12] 斯坦顿. 沟通圣经：听说读写全方位沟通技巧 [M]. 罗慕谦，译. 北京：北京联合出版公司，2015.

[13] 明托. 金字塔原理 [M]. 汪洱，高愉，译. 海口：南海出版社，2010.

[14] 本斯. 引导：团队群策群力的实践指南 [M]. 任伟，译. 北京：电子工业出版社，2019.

[15] 施瓦茨. 专业引导技巧 [M]. 3版. 吴凤荣，等译. 北京：电子工业出版社，2018.

[16] 下地宽也. 逻辑思维，只要5步 [M]. 朱荟，译. 北京：企业管理出版社，2014.

[17] 高杉尚孝. 麦肯锡问题分析与解决技巧 [M]. 郑舜珑，译. 北京：北京时代华文书局，2018.

[18] 莱克. 丰田模式：精益制造的14项管理原则 [M]. 李芳龄，译. 北京：机械工业出版社，2016.